本土文化资源
丰富儿童教育课程
的路径探索

杨玲斌◎著

辽宁人民出版社

U0668472

ⓒ 杨玲斌 2025

图书在版编目（CIP）数据

本土文化资源丰富儿童教育课程的路径探索 / 杨玲斌著. -- 沈阳：辽宁人民出版社，2025. 2. -- ISBN 978-7-205-11231-8

Ⅰ. G61

中国国家版本馆 CIP 数据核字第 2024P36G78 号

出版发行：辽宁人民出版社
地址：沈阳市和平区十一纬路 25 号 邮编：110003
电话：024-23284325（邮 购） 024-23284300（发行部）
http://www.lnpph.com.cn

印 刷：辽宁一诺广告印务有限公司
幅面尺寸：170mm×240mm
印 张：13
字 数：200 千字
出版时间：2025 年 2 月第 1 版
印刷时间：2025 年 2 月第 1 次印刷
责任编辑：张天恒 王晓筱
装帧设计：中知图印务
责任校对：吴艳杰
书 号：ISBN 978-7-205-11231-8
定 价：68.00 元

前 言
PREFACE

随着社会的快速发展，全球化的浪潮席卷而来，各种外来文化不断涌入，使得儿童教育面临着前所未有的挑战和机遇。在这样的时代背景下，充分利用好丰富的本土文化资源对儿童进行教育就显得尤为重要。

我国本土文化资源丰富，它们为儿童教育提供了深厚的文化底蕴和独特的教育价值，体现在多个方面。首先，我国历史悠久，传统文化底蕴深厚，孕育出诗词歌赋、书法绘画等文化成果，具有艺术价值和教育意义，能激发儿童兴趣，培养审美和创造力。其次，我国地域辽阔，民族众多，各地文化特色鲜明，为儿童教育提供丰富素材和灵感，有助于培养跨文化交流能力和全球视野。现代社会的发展为挖掘和利用本土文化资源提供更多可能性。利用数字技术和新媒体，将传统文化元素现代化呈现，让儿童在互动中感受本土文化魅力。教育创新项目和实践也支持资源整合和应用。本土文化资源在儿童教育中的价值凸显，利用本土文化资源培养儿童民族自豪感和文化认同感，提供多元化教育内容和方式，促进全面发展。因此，应挖掘利用本土文化资源，融入儿童教育课程，丰富内容，提高质量，为儿童成长提供文化支撑。关注儿童需求和兴趣，创新教育方式，激发学习热情和创造力，让他们在本土文化熏陶下茁壮成长。总之，本土文化资源为儿童教育提供宝贵资源和机遇，应充分利用，为儿童成长提供文化支撑和教育保障。

笔者任职的宁德市霞浦县实验幼儿园所在地是拥有1700多年建县历史的滨海小城，拥有非常广阔的海域、滩涂和岛屿，盛产多种海鲜，如大黄鱼、海带、紫菜、刺参、鲍鱼等，享有"中国海带之乡""千鲜之城"等美誉。基于这个背景，我园教师通过上网查阅资料、实地调查和走访等方式，搜集与整理本土文化资源，将其整理成可运用于幼儿园教学的资源。如，将北岐滩涂、杨家溪、大京沙滩等地方特色景观做成图画和视频，将海带、紫菜、牡蛎、大黄鱼、梭子蟹、剑蛏海产品做成认读图，用糊汤、地瓜杯、米饺、闽南糊、松山茶饼等特色美食创作烹饪课，用畲族小说歌、布袋戏、根雕、闽东畲族乌饭制作技艺、糖塔制作技艺、畲族斗笠制作技艺等非物质文化遗产，组织语言表达、手工创作等活动。因此，我园在本土文化资源丰富儿童教育课程的实践中积累了大量宝贵经验，从而凝练为本书。

本书基于本土文化资源与儿童教育课程的相关理论，明确儿童教育课程利用本土文化资源的意义，依据理论，分析不足，在此基础之上，梳理基于本土文化资源的儿童教育课程审议流程，挖掘儿童教育课程中包括美食、人文、民俗、山海、历史与红色文化在内的不同本土文化资源，从而提出基于儿童立场的山海课程实施路径，实现儿童山海课程实施中的教师成长。本书结合我园具体教育实践，为本土文化资源在儿童教育课程的有效运用提供了经验借鉴。

杨玲斌

2024 年 2 月

目 录
CONTENTS

第一章　本土文化资源

第一节　本土文化的定义

一、文化

文化的概念比较广泛，很难对其下一个严格的、精准的定义。人教版高中思想政治教材中如此阐述：文化是相对于经济、政治而言的人类全部精神活动及其产品。其中，包括世界观、人生观、价值观等具有意识形态性质的部分，又包括自然科学和技术、语言和文字等非意识形态的部分。而对于研究此问题的学者们来说，他们往往从自己的研究领域出发对"文化"进行理解和阐述。无论是对于学生还是研究学者来说，文化都是人们在进行生产生活的过程中形成的一种社会精神力量，而作为一种力量，必然会对人及社会有着一定的作用。对于文化的形式而言，涉及多种多样的内容，包括思想、道德、教育、艺术、理论、文学、信仰、科学、信念等多个方面，同时也涉及人们生活的衣食住行，如饮食文化、服饰文化、建筑文化、旅游文化等。对于文化的层次而言，概括为两个方面：一方面是集中表现在主流思想和民族精神方面的国家民族层面的主流文化。另一方面是具有地域特色的本土文化，其具有强烈的地方特色，对于本土生活的人民群众而言，有着直接的影响[①]。

二、本土文化

（一）本土文化的概念

本土文化是指在各类文化的影响下，本民族或本地区的人们结合自

---

①吴张鹏.本土文化资源在海南高中思想政治课中的运用研究[D].海口：海南师范大学，2017：4-8.

身生活习惯、生活方式、生产经验等对文化进行再创造，形成具有独特性、民族性、纯粹性的独特文化，是一种本土独创的文化形式。

本土文化是从一个地方人们的长期生活方式和民风民俗中产生的，是人类活动与自然环境的共同作用下形成的文化。其具有悠久的历史并且带有强烈的地方特色，能够将历史和现代文明融合在一起来体现出地方人文和自然特色，通常与特定的载体联系在一起，代表了当地人们的思想和文化观念。

关于本土文化的内涵和价值等问题，笔者查阅了相关的文献资料。有研究认为本土文化是与特定区域相联系的文化形态，它通常包括地方语言、饮食、服饰、民间信仰、建筑、歌舞、戏剧、风景名胜等诸多表现形态，是一定地域范围内的人们在长期生产与生活过程中经过不断的实践和凝练而形成的。也有研究者认为，不同地域悠久的历史文化传统和习俗即使是在信息交流飞速发展的今天，依然塑造着人们的生活和成长形态，因此教育者要想关注儿童的生活世界，就不能不关注本土文化在其中所起的作用[1]。

本土文化虽然是历史上传承下来的，但与传统文化不同的是，本土文化是各个地方的一种独特的文化，具有独特性。本土文化包括人们在物质和精神层面上独特的生产、生活方式，包括人们在实践的各个阶段总结出来的所有实践成果和实践经验。总之，在实践过程中，无论是物质的精神的，有形的无形的，成文的或约定俗成的，都是本土文化的组成部分。

（二）本土文化的产生背景

在人类文化发展的过程中，其发展的路径有很多，发展方向也有很多可能性，但随着人类文明的进步，人类经过多种方式的探索，逐渐选择了适合自身发展的文化并稳定下来，最终形成了今天的文化形态。

在不同的文化碰撞、交流以及融合的过程中，逐步形成了一种带有当地人们生活方式、行为习惯和思维模式特色的本土文化。本土文化是一个国家或地区特有的文化，具有特色性、开放性和多样性等多种属性。本土文化不是一成不变的，而是能够随着时间的变化而产生变化，在日

---

①陈华丽.地方文化融入幼儿美育的思考[J].甘肃教育研究，2023（3）：14-16.

常生活中以物质和非物质两种形态呈现出来。它来源于民间人们的日常生活，融合了流行文化和外来文化，并以国家或地区为单位，以国民或民族为创造主体，通过原生文化与传统文化得以发展。

（三）本土文化的分类

本土文化，指的是各地广为流传的、特有的风土人情，是各地人们文化生活的总称，其包含了美食、人文、民俗、山海、历史与红色文化等多种文化资源。

1. 本土美食文化

本土美食文化，顾名思义，指的是某个地区、民族或国家独特而具有代表性的美食传统与风俗习惯。这一文化现象不仅仅局限于食物的口感和味道，更涵盖了食材的选择、烹饪技巧、饮食习惯以及与之相关的历史、传说、节庆等多个层面。在全球化日益加速的今天，本土美食文化成为各国文化交流的重要载体，也是吸引游客、展现地方特色的重要手段。

首先，本土美食文化的核心在于食材的选择。不同地区的自然环境、气候条件和土壤特性孕育出了各具特色的食材。例如，四川的辣椒、广东的鲍鱼、东北的大米等，这些独特的食材为各地的美食文化奠定了坚实的基础。同时，人们在长期的实践中，也逐渐摸索出了如何充分利用这些食材，创造出丰富多样的美食佳肴。

其次，本土美食文化还体现在烹饪技巧上。不同地区的烹饪手法、调味方式以及烹饪器具都各具特色。如川菜中的麻辣味、鲁菜中的酱香味、湘菜中的酸辣味等，这些独特的口味和烹饪技巧都体现了各地人民的智慧和创造力。此外，一些传统的烹饪器具，如砂锅、石磨等，也承载着丰富的历史文化内涵。

再次，本土美食文化与当地的饮食习惯和节庆活动紧密相连。每个地区都有其独特的饮食习俗和节庆食品。例如，春节时的饺子、端午节时的粽子、中秋节时的月饼等，这些节日食品不仅承载着人们对美好生活的向往，也体现了中华民族传统文化的博大精深。同时，一些地方还会举办美食节、烹饪比赛等活动，以展示和推广本土美食文化。

最后，本土美食文化还承载着丰富的历史和文化内涵。许多美食背后都有着悠久的历史渊源和传说故事。如北京的烤鸭、南京的盐水鸭等，这些美食不仅味道美妙，还承载着深厚的历史文化底蕴。同时，一些传统的烹饪技艺和食谱也被传承下来，成为非物质文化遗产的重要组成部分。

综上所述，本土美食文化是一个多元而丰富的文化现象。它涵盖了食材、烹饪技巧、饮食习惯以及历史文化等多个方面，体现了各地人民的智慧和创造力。在全球化的今天，保护和传承本土美食文化具有重要意义，它不仅能够弘扬地方特色和文化魅力，还能够促进不同文化之间的交流和理解。因此，我们应该珍视并努力推广本土美食文化，让更多的人了解和欣赏其独特的魅力。

2.本土人文文化

在探讨本土人文文化的定义时，我们首先需要明确人文文化的内涵和本土化的概念。人文文化，顾名思义，是指与人类文化、精神生活密切相关的各种文化现象。它涵盖了人类的思维、价值观、道德观念、审美取向以及艺术创作等多个方面，是人类社会文明发展的重要体现。而本土化，则是指将外来的文化元素与本土的传统文化相融合，形成具有地域特色的文化形态。

基于上述理解，我们可以将本土人文文化定义为：在特定地域范围内，经过长期历史积淀而形成的具有独特地域特色和民族风格的人文文化。这种文化既体现了当地人民的精神追求和审美观念，又融入了外来文化的优秀元素，形成了独特而丰富的文化体系。

为了更深入地探讨本土人文文化的内涵，我们可以从以下几个方面进行分析：

首先，本土人文文化具有深厚的历史底蕴。每一个地域都有其独特的历史轨迹和发展脉络，这些历史积淀在本土人文文化中得以体现。无论是建筑风格、服饰特色，还是民俗风情、节庆活动，都蕴含着丰富的历史信息和文化内涵。

其次，本土人文文化具有鲜明的地域特色。不同地域的自然环境、经济状况、社会结构等因素都会对当地的人文文化产生影响。因此，本土人文文化往往具有独特的地域标识和文化符号，这些符号反映了当地人民的生活方式和审美趣味。

再次，本土人文文化具有开放包容的特质。在全球化的大背景下，不同文化之间的交流与融合成为必然趋势。本土人文文化在保持自身特色的同时，积极吸收外来文化的优秀元素，不断丰富和发展自身。这种开放包容的态度使得本土人文文化更具活力和生命力。

最后，本土人文文化具有深厚的民族情感。它承载着当地人民的情感记忆和精神寄托，是民族认同感和归属感的重要来源。通过传承和弘扬本土人文文化，可以增强民族凝聚力和向心力，促进社会的和谐稳定。

综上所述，本土人文文化是一种具有独特地域特色和民族风格的人文文化形态。它既是历史的积淀，又是现实的反映；既是地域的标识，又是民族的象征。通过深入了解和研究本土人文文化，我们可以更好地认识和理解一个地域的文化底蕴和精神内涵，从而推动当地文化的传承和发展。

3. 本土民俗文化

每一个地方都有能够反映自身独特的生活方式、风俗习惯的民俗文化，其文化活动中体现了具有本地特色的文化传统，具有一定的审美性和独特性。

民俗文化作为当地人们生活的一部分，不仅仅是一种单纯的艺术形式的表达，更突出表现了每个地方的民俗特点。这些明显的地方性特征能够从建筑、服饰、饮食、文体娱乐、民间工艺等方面体现出来，是对历史传统和民间风情的承接。

4. 本土山海文化

本土山海文化是指以特定的山岳和海洋为地理背景，以地方民众为主体，在长期的历史发展过程中形成的独特文化现象。这种文化既包含了自然景观的壮美与神秘，也涵盖了人文历史的厚重与多彩。在山海之间，人们与自然和谐共生，形成了独具特色的生活方式、价值观念、艺术表现和宗教信仰。

本土山海文化还在多个领域产生了深远的影响。在经济领域，山岳和海洋资源为地方经济发展提供了强大的动力。旅游业、渔业、林业等产业在本土山海文化的滋养下蓬勃发展，为当地带来了可观的经济效益。在文化领域，本土山海文化为艺术创作提供了丰富的素材和灵感来源，推动了地方文化的繁荣与发展。在社会领域，本土山海文化还促进了地方民众之间的交流与融合，增强了地方文化的凝聚力和向心力。

综上所述，本土山海文化作为一种独特的地域文化现象，具有深厚的历史底蕴和丰富的文化内涵。它既是地方民众在长期生产生活实践中形成的独特文化体系，也是地方经济发展和文化繁荣的重要支撑。因此，我们应该深入挖掘本土山海文化的内涵与价值，加强对其传承与保护，让这一独特的文化现象在未来的发展中绽放出更加璀璨的光芒。

5.本土历史文化

一个地方的历史文化古迹蕴含着本地深厚的文化底蕴，并与当地人们的生活有着密切的联系，能够追溯到本地发展的历史渊源。它们从不同的方面描绘了各个历史时期人们在此留下的痕迹，是人们宝贵的历史文化遗产。在继承文化和历史的同时，这些古迹也体现出该地方的本土文化精髓，是过去和现在的缩影[1]。

6.本土红色文化

红色文化，作为中华民族历史长河中的一份宝贵财富，承载着革命先烈的英勇事迹和崇高精神，具有深远的历史意义和时代价值。本土红色文化，则是红色文化在特定地域范围内的独特表现，它融合了当地的历史传统、文化习俗和民族精神，呈现出丰富多彩的面貌。

本土红色文化是指在特定地域内，以革命历史为核心，以红色精神为灵魂，通过一系列文化活动和载体所表现出来的独特文化现象。它包含了革命历史遗址、纪念馆、纪念碑等实体文化，也涵盖了革命歌曲、戏剧、文学等非物质文化。这些文化和载体共同构成了本土红色文化的丰富内涵，使人们在感受历史的同时，也能深刻领会红色精神的内涵。

本土红色文化的形成与发展，离不开当地历史背景和社会环境的熏陶。在革命战争年代，许多地区都涌现出了许多英勇无畏的革命先烈，他们为了民族独立和人民解放，付出了巨大的牺牲。这些革命事迹和英

---

[1]曹菁菁. 本土文化元素在潍坊风筝包装中的创新设计 [D]. 南宁：广西师范大学，2020：10-12.

雄人物，成为本土红色文化的重要组成部分，为后人树立了光辉的榜样。

本土红色文化对当地社会和文化发展产生了深远的影响。首先，它增强了人们的民族自豪感和归属感。通过参观革命遗址、了解革命历史，人们能够深刻感受到中华民族的伟大和坚韧，从而激发爱国热情和民族自豪感。其次，本土红色文化为当地经济发展注入了新的活力。随着红色旅游的兴起，越来越多的游客来到革命老区，感受红色文化的魅力，为当地带来了可观的经济效益。此外，本土红色文化还促进了当地文化产业的繁荣，推动了文化创意、文艺创作等领域的发展。

在传承和发展本土红色文化的过程中，我们还需要注重其时代性和创新性。一方面，我们要深入挖掘本土红色文化的历史内涵和精神实质，将其与当代社会相结合，赋予其新的时代价值。另一方面，我们要注重创新本土红色文化的表现形式和传播方式，利用现代科技手段，如互联网、新媒体等，扩大其传播范围和影响力。

总之，本土红色文化作为中华民族精神的重要组成部分，具有深远的历史意义和时代价值。我们要深入挖掘和传承这一宝贵财富，为当地社会和文化发展注入新的活力，为实现中华民族伟大复兴的中国梦贡献力量。

第二节　本土文化资源的内涵

一、本土文化资源的定义

从文化的含义中不难看出，本土文化是指在本土区域中的人民群众在长期社会生活实践过程中形成的具有地域特色的文化。"文化总是特定人群在一定时空下，与特定自然环境相互作用中，求取生存和发展的结果和过程。"[1]在与其所在环境相互作用中，一定人群在特定地域环境中产生出为特定人所持有的文化。其中既有不断传承发展的本土的历史性

---

[1]孟凡丽，吕红日. 文化视域下的地方课程价值探索[J]. 当代教育与文化，2009（1）：104-108.

的内容，也包括外来文化在本土扎根，吸收形成"落户式"的融合性内容。既包括如具有地方特色的建筑、方言、戏剧等显性的形式，也包括本土人民的生活方式、风俗习惯、道德信念等隐性的形式。这些内容和形式与本土人民群众的生活紧密相连。而资源，恩格斯定义为："其实，劳动和自然界在一起它才是一切财富的源泉，自然界为劳动提供材料，劳动把材料转变为财富。"这里的资源不仅包括自然资源，还包括人力、智力、教育等各种涉及人的资源。我们将本土文化资源运用到教育教学中，实际上是在将其作为一种教育资源，作为一种课程资源，为课程教学服务。因此，简单地说，本土文化资源就是对于本土文化进行适当的选取加工，使之符合教育教学的需要的一种资源。

二、本土文化资源的类型

本土文化资源包括但不限于语言、文学、艺术、节日、传统技艺等多种形式，是一个地区或民族的历史、生活、思想、信仰、艺术等方面丰富多彩的体现。根据文化学者、社会学专家的研究，以下是一些常见的本土文化资源内容：

（一）语言和文字

本土文化资源中的语言文字包括口头传统、方言、乡土词汇和特定的书写系统等。这些资源可以应用在幼儿语言领域的教育。

（二）传统艺术

传统艺术是本土文化的重要组成部分，包括绘画、音乐、舞蹈、戏剧、雕塑、剪纸、刺绣等各种形式的艺术表达。教师可以应用这些艺术资源组织绘画和手工创作等艺术活动，初步培养幼儿的艺术素养。

（三）传统节日和庆典与民间故事和传说

本土的节日和庆典是文化传承和社会凝聚的重要方式，如新年、春节、中秋节、元宵节、龙舟节等。民间故事和传说是本土文化的重要表达形式，通过口述和传统文学传承，讲述着人们的神话、传说、民间故事和英雄史诗等。这些资源可以在语言、艺术等领域进行运用，能有效渗透本土文化教育，让幼儿更好地认识本土文化。

（四）传统文化遗产类

如古迹、历史建筑、古代城市遗址、墓葬、传统手工艺品等，代表着本土文化的历史和传统。本土的饮食文化是民族文化的重要组成部分，反映了地域特色、传统食材、烹饪方法和饮食习惯等。本土的服饰和民俗代表着特定地区或民族的文化风貌，有传统服饰、头饰、饰品、节庆仪式等。以上也可以在语言和艺术领域中运用，让幼儿认识本土文化。

（五）自然景观和生态环境

自然景观和生态环境也是本土文化的重要资源，包括山川湖泊、河流湿地、特有动植物等。教师可以运用这些资源，与健康、语言、科学等领域教育融合起来，让幼儿感受本地美丽自然风光，形成热爱家乡的情感[①]。

三、本土文化资源的特点

（一）本土性

由于受区域地理条件的影响，本土文化资源根植于本土人民群众的生产生活实践，是基于本土经济、政治、历史、环境发展而形成的具有地方特色的文化，也有在历史的发展中，对于外来文化的吸收融合，最终形成的适合地区需要的特色文化。这种本土性使得本土文化具有强烈的独特气息，以此对于本地经济的发展和人们的教育起着重要的作用。

（二）多元性

本土文化资源体现在两个方面的多元性：一是类型的多元。本土文化资源是一个地区独有的文化特性，在其地域历史社会发展的过程中形成多种不同的类型。例如民俗风情、历史典故、红色遗迹、古典书籍等等都是本地文化资源的类型，其包含的思想政治教育的意义多种多样，形式百态。二是内容的多元。本土文化资源的内容丰富多样，在其不同类型的基础上又有诸多不同的内涵。

---

①杨玲斌.儿童视角下的本土文化资源的多元认知与表达方式的实践研究[J].家长，2023（29）：4-6.

（三）民族性

国家主流文化是具有一定程度的大众性，是整个国家民族共同继承发展的文化，而对于本土文化而言，则具有一定的区域性和本地区民族的民族性。民族的才是世界的，对于本土文化的开发，使其成为一种资源，其中包含本土的民族性内容和内涵。

（四）价值性

将本土文化作为资源，表明其具备经济价值与精神价值。一方面，从目前开发的价值来看，在本土文化资源基础上形成的独特旅游经济正在不断发展，促进了人民生活水平的提升及社会经济的发展。另一方面，本土文化资源中蕴含极强的教育内容，对于人们教育水平的提升及思想道德的形成具有重要的作用，其可以作为一种课程及教学资源运用到教育当中去。

第三节　本土文化资源的价值

一、本土文化资源的政治价值

本土文化资源作为民族精神的根基，承载着丰富的历史底蕴和独特的民族特色。这些资源不仅对于文化的传承和发展具有重要意义，更在政治领域中发挥着不可替代的作用。本文将详细探讨本土文化资源的政治价值，揭示其对于国家政治稳定、社会和谐以及国际形象塑造等方面的深远影响。

首先，本土文化资源对于国家政治稳定具有举足轻重的作用。一个国家要想实现长治久安，必须建立在深厚的文化底蕴之上。本土文化资源作为民族认同感和归属感的重要来源，有助于增强民众对国家的认同感和忠诚度。当民众对自己的文化产生自豪感时，他们会更愿意为国家的发展贡献力量，从而维护国家的政治稳定。此外，本土文化资源还能为政府提供有效的治理工具，通过弘扬优秀传统文化，提升民众的道德素养和社会责任感，进而推动社会风气的改善和政治环境的优化。

其次，本土文化资源对于社会和谐具有积极的促进作用。一个充满和谐氛围的社会，离不开文化的滋养和引领。本土文化资源中蕴含着丰富的道德观念、价值理念和人文精神，这些元素有助于引导人们树立正确的世界观、人生观和价值观。通过传承和弘扬本土文化，我们可以培育出具有高尚品德和良好行为习惯的公民，为社会的和谐稳定奠定坚实基础。同时，本土文化资源还能激发民众的创造力和创新精神，推动社会不断进步和发展。

最后，本土文化资源在国际形象塑造方面也发挥着重要作用。随着全球化的深入发展，国家之间的交流和竞争日益激烈。本土文化资源作为独特的文化符号，有助于提升国家的国际知名度和影响力。通过展示本土文化的独特魅力，我们可以吸引更多的国际关注，增进与其他国家和地区的友谊与合作。同时，本土文化资源还能为国家的外交战略提供有力支持，为国家在国际舞台上争取更多的利益和话语权。

总之，本土文化资源的政治价值不容忽视。它对于国家政治稳定、社会和谐以及国际形象塑造等方面都具有重要的促进作用。因此，我们应该高度重视本土文化资源的保护和传承工作，充分挖掘和发挥其在政治领域中的潜力。通过加强文化教育、推广文化活动、建设文化设施等方式，我们可以让更多的人了解和认识本土文化，进而增强国家的凝聚力和向心力。同时，我们还应该加强与国际社会的文化交流与合作，让本土文化走向世界，为国家的繁荣与发展注入新的活力。

二、本土文化资源的文化价值

本土文化资源，作为特定地域内长期积累形成的历史、艺术、民俗等多方面的综合体现，其文化价值不言而喻。它们不仅承载了一个地区的历史记忆和民族精神，还为我们提供了了解当地社会、风俗、艺术等方面的宝贵线索。深入挖掘本土文化资源的文化价值，对于我们传承优秀传统文化、推动文化创新具有重要意义。

首先，本土文化资源具有丰富的历史价值。这些资源中蕴含着深厚的历史底蕴，记录了当地社会的变迁和发展。通过对本土文化资源的挖掘和研究，我们可以更好地了解一个地区的历史脉络和文化传承。例如，古建筑、古遗址等本土文化景观，不仅具有独特的建筑美学价值，还为我们提供了了解当地古代社会风貌的窗口。

其次，本土文化资源还具有重要的艺术价值。这些资源中包含了丰富的艺术元素和创作灵感，为艺术家们提供了无尽的创作源泉。无论是民间工艺、传统音乐还是舞蹈等艺术形式，都展现了本土文化的独特魅力。这些艺术形式不仅丰富了我们的文化生活，还为我们提供了欣赏和传承优秀传统文化的途径。

最后，本土文化资源还具有独特的地域特色和文化标识。每个地区都有其独特的文化符号和象征，这些符号和象征往往与当地的自然环境、历史背景、民族特色等紧密相关。通过对本土文化资源的挖掘和整理，我们可以更好地展示一个地区的文化特色，提升地区的文化软实力。

在当今全球化的背景下，本土文化资源的文化价值更加凸显。随着国际交流的日益频繁，本土文化资源的独特性和多样性成为吸引外界关注的重要亮点。通过展示本土文化资源的魅力，我们可以增强地区文化的国际影响力，促进不同文化之间的交流与融合。

综上所述，本土文化资源的文化价值体现在历史价值、艺术价值、地域特色等多个方面。我们应该充分挖掘和整理这些资源，传承和弘扬优秀传统文化，推动文化创新和发展。同时，我们还应加强本土文化资源的保护和传承工作，让这些宝贵的文化遗产得以延续并焕发新的生机与活力。

三、本土文化资源的经济价值

本土文化资源作为一个民族或地区的独特精神财富，其经济价值日益受到人们的关注和重视。这些资源不仅蕴含着深厚的历史底蕴和独特的艺术魅力，还能为当地经济发展注入新的活力，成为推动区域经济增长的重要动力。

首先，本土文化资源具有丰富的内涵和多样的形式，为文化创意产业提供了广阔的创作空间。无论是传统的手工艺品、民间艺术，还是独具特色的地方戏曲、民俗活动，都蕴含着丰富的文化内涵和艺术价值。这些资源可以经过创意转化，成为具有市场竞争力的文化产品，进而推动文化产业的发展。

其次，本土文化资源对于旅游业的推动作用不可忽视。随着人们生活水平的提高和旅游消费需求的多样化，越来越多的人开始追求具有独特文化体验的旅游项目。本土文化资源为旅游业提供了丰富的素材和独特的卖点，吸引了大量游客前来观光游览、体验文化。这不仅为当地带来了可观的旅游收入，还促进了相关产业的发展，推动了区域经济的整体提升。

最后，本土文化资源还具有提升地区品牌形象的作用。一个地区的文化特色是其独特性和魅力的体现，也是吸引外部投资和人才的重要因素。通过挖掘和传承本土文化资源，可以塑造出具有地方特色的品牌形象，提升地区的知名度和美誉度。这有助于吸引更多的外部资源流入，促进当地经济的持续发展。

在实证研究方面，越来越多的案例表明本土文化资源具有显著的经济价值。例如，一些地区通过深入挖掘本土文化资源，成功打造出了具有地方特色的文化品牌，吸引了大量游客和投资，推动了当地经济的快速发展。同时，一些传统文化项目通过与现代科技的结合，实现了创新性发展，为当地经济注入了新的活力。

综上所述，本土文化资源具有丰富的经济价值，对于推动当地经济发展具有重要意义。我们应该充分挖掘和利用这些资源，发挥其独特的文化魅力，为经济发展注入新的动力。同时，也需要注重保护和传承这些资源，确保其能够持续地为经济发展和社会进步贡献力量。

四、本土文化资源的教育价值

本土文化资源作为民族文化的瑰宝，承载着丰富的历史、传统和人文精神。在教育领域中，深入挖掘和充分利用本土文化资源，不仅有助于培养学生的民族文化认同感和自豪感，还能提升学生的综合素质和创新能力。本文将从多个方面探讨本土文化资源的教育价值。

首先，本土文化资源是培养学生民族文化认同感的重要途径。在全球化日益加剧的今天，民族文化面临着前所未有的挑战。通过学习和了解本土文化资源，学生可以更加深入地认识自己的民族传统和文化底蕴，从而增强对民族文化的认同感和自豪感。例如，在课程设置中融入地方戏曲、民间故事等本土文化元素，可以让学生在感受文化魅力的同时，激发对民族文化的热爱之情。

其次，本土文化资源有助于提升学生的综合素质。本土文化资源涵盖了文学、艺术、历史、民俗等多个领域，通过学习和实践，学生可以锻炼自己的语言表达能力、审美能力、批判性思维等多方面的能力。同时，本土文化资源中的传统技艺和手工艺品等，还可以培养学生的动手能力和创造力。因此，将本土文化资源融入教育教学中，有助于学生全面提升自身的综合素质。

最后，本土文化资源还能激发学生的创新精神。本土文化资源中蕴含着丰富的智慧和创意，学生通过学习和研究，可以从中汲取灵感，培养自己的创新意识和实践能力。例如，一些学校通过组织本土文化创新大赛等活动，鼓励学生将本土文化元素与现代科技相结合，创造出具有民族特色的新作品。这不仅培养了学生的创新精神，也促进了本土文化的传承和发展。

综上所述，本土文化资源在教育领域具有重要的价值。通过深入挖掘和充分利用本土文化资源，我们可以更好地培养学生的民族文化认同感、提升综合素质和激发创新精神。因此，在教育教学中，我们应该注重本土文化资源的融入和传承，让学生在学习和实践中感受民族文化的魅力，成为具有民族情怀和创新能力的新时代青年。

同时，我们也需要认识到，本土文化资源的挖掘和利用并非一蹴而就的过程。这需要教育工作者具备深厚的文化底蕴和教育理念，能够准确地把握本土文化资源的内涵和价值，将其有效地融入教育教学中。此外，我们还需要注重本土文化资源的传承和创新，通过多种形式的活动和项目，引导学生积极参与本土文化的传承和发展，让本土文化资源在教育领域发挥更大的作用。

在未来的教育发展中，本土文化资源将继续发挥其独特的教育价值。我们应该积极探索和实践，让本土文化资源在教育领域得到更好的传承和发展，为培养具有民族文化认同感和创新精神的新时代青年贡献力量[1]。

---

① 杨晓艺，谢佳，朱银元. 乡土文化资源的传承与利用模式研究[M]. 北京：中国纺织出版社，2018：10-32.

第四节　本土文化资源的利用与发展

一、本土文化资源利用与发展的必要性与可行性

在当今全球化日益加剧的时代背景下，本土文化资源的利用与发展显得尤为重要。本土文化资源是一个民族或地区在长期历史演进过程中形成的独特文化积淀，它承载着一个地区的精神风貌、历史传统和价值观念。因此，深入挖掘和合理利用本土文化资源，不仅能够促进地区经济社会的可持续发展，还能够增强文化自信，提升国家软实力。

首先，本土文化资源的利用与发展具有必要性。在经济方面，本土文化资源作为一种独特的资源禀赋，具有极高的开发价值。通过创意产业的发展，可以将本土文化资源转化为具有市场竞争力的文化产品，进而推动地区经济的增长。同时，本土文化资源的开发利用还可以促进旅游业的繁荣，吸引更多游客前来观光旅游，增加地方收入。

在社会文化方面，本土文化资源的利用与发展有助于传承和弘扬优秀传统文化。通过举办各类文化活动、建立文化博物馆等方式，可以让更多人了解和认识本土文化的独特魅力，增强对本土文化的认同感和归属感。此外，本土文化资源的利用还可以推动文化创新，为现代社会注入新的活力。

其次，本土文化资源的利用与发展具有可行性。一方面，随着科技的进步和创新，我们有了更多手段来挖掘和利用本土文化资源。例如，通过数字化技术，可以将传统的手工艺、民间艺术等文化资源进行数字化保存和展示，让更多人能够欣赏到这些珍贵的文化遗产。另一方面，随着国家对文化产业发展的重视和支持，本土文化资源的开发利用也获得了更多的政策和资金支持。这为本土文化资源的利用与发展提供了有力的保障。

最后，在利用与发展本土文化资源的过程中，我们也需要注意一些问题。第一，要尊重和保护本土文化的原创性和独特性，避免过度商业

化和低俗化。第二，要注重本土文化资源的可持续发展，避免过度开发和破坏。第三，要加强与其他地区和国家的文化交流与合作，共同推动全球文化多样性的发展。

综上所述，本土文化资源的利用与发展具有必要性和可行性。我们应该充分挖掘和利用本土文化资源的独特价值，推动地区经济社会的可持续发展，增强文化自信，提升国家软实力。同时，也要注重本土文化资源的保护和可持续发展，为子孙后代留下更多的精神财富。

二、本土文化资源利用与发展的路径

本土文化资源，作为地方特色的重要体现，不仅承载着一个地区的历史记忆，也是当地人民智慧的结晶。在当今社会，随着全球化的加速和文化交流的日益频繁，如何有效地利用和发展本土文化资源，已成为推动地方经济社会发展的重要课题。以下将深入探讨本土文化资源利用与发展的路径，以期为相关实践提供有益的参考。

在利用本土文化资源的过程中，首先，要做好资源普查和评估工作。通过对本土文化资源的全面梳理和深入挖掘，可以更加清晰地认识到其潜在的价值和优势。同时，还需要对资源进行评估，明确其保护、传承和开发的优先级，为后续的利用工作提供科学依据。

其次，加强本土文化资源的保护和传承至关重要。本土文化资源往往具有脆弱性和不可再生性，一旦遭到破坏或流失，将给地方文化带来不可估量的损失。因此，我们需要通过制定相关法律法规、建立保护机制、加强宣传教育等措施，切实保障本土文化资源的安全和传承。

再次，在此基础上，我们还需要积极探索本土文化资源的创新发展之路。一方面，可以通过与现代科技、旅游等产业的融合，推动本土文化资源的创意开发，打造具有地方特色的文化产品和服务。另一方面，还可以通过举办文化活动、建设文化园区等方式，提升本土文化资源的知名度和影响力，吸引更多的游客和投资。

最后，在本土文化资源的利用与发展过程中，还需要注重与周边地区的合作与交流。通过加强区域间的文化合作，可以共同挖掘和利用本土文化资源，形成文化合力，推动区域文化的共同繁荣。同时，还可以通过文化交流活动，增进不同地区之间的了解和友谊，促进地方经济的共同发展。

　　总之，本土文化资源的利用与发展是一个系统工程，需要我们从多个方面入手，全面推进。通过加强资源普查与评估、保护和传承、创新发展和区域合作等措施，我们可以更好地挖掘和利用本土文化资源的潜力，为地方经济社会的发展注入新的动力。同时，我们还需要不断总结经验教训，探索更加有效的利用路径，让本土文化资源在现代化进程中焕发出更加绚丽的光彩①。

---

①杨晓艺，谢佳，朱银元. 乡土文化资源的传承与利用模式研究[M]. 北京：中国纺织出版社，2018.

第二章　儿童教育课程

第一节　儿童教育教学的发展及特点

一、儿童教育教学的发展

随着社会的不断进步和科技的快速发展，儿童教育教学也在逐步走向成熟和完善。从传统的课堂讲授到现代的多媒体教学，从单一的学科知识传授到综合素质的培养，儿童教育教学的理念和方法都发生了翻天覆地的变化。

首先，让我们回顾一下儿童教育教学的历史背景。在过去，教育教学主要侧重于知识传授和应试技巧的培养。然而，随着社会的发展和人们对教育认识的深入，人们逐渐意识到，儿童教育不仅仅是知识的灌输，更是对孩子们综合素质的培养。因此，现代儿童教育教学开始注重培养学生的思维能力、创新能力、团队协作能力等。

在教学方法上，现代儿童教育教学也取得了显著的进步。传统的课堂讲授往往以教师为中心，学生被动地接受知识。而现在，越来越多的教师开始采用以学生为中心的教学方法，如项目制学习、合作学习等，让学生在实践中学习，从而提高学习效果。

此外，多媒体教学和信息技术的发展也为儿童教育教学注入了新的活力。通过视频、音频、动画等多媒体手段，教师可以更加生动形象地展示知识，激发学生的学习兴趣。同时，在线学习平台、智能教学系统等也为儿童提供了更加便捷的学习途径，使学习不再局限于课堂。

除了教学方法和手段的创新，现代儿童教育教学还注重对学生个体差异的关注和尊重。每个孩子都有自己独特的兴趣和特长，因此，教师在教育教学过程中需要因材施教，尊重每个学生的个性和差异，为他们提供个性化的学习方案。

综上所述，儿童教育教学的发展是一个不断进步和完善的过程。通过创新教学方法和手段、关注学生个体差异、注重综合素质培养等方面的努力，我们可以为孩子们提供更加优质的教育教学服务，帮助他们茁壮成长。同时，我们也需要不断总结经验，探索新的教育教学理念和方法，以适应时代的发展和社会的需求。

展望未来，儿童教育教学将继续朝着多元化、个性化的方向发展。随着科技的不断进步和创新，我们将有更多的手段和方法来激发孩子们的学习兴趣和潜能，让他们在快乐中成长，在成长中快乐。同时，我们也需要关注到孩子们在成长过程中的心理健康和社交能力的培养，为他们提供全方位的教育教学支持。

总之，儿童教育教学的发展是一个充满挑战和机遇的过程。我们需要不断探索、创新和实践，以更好地满足孩子们的学习需求和发展潜力，为他们的未来奠定坚实的基础。

二、儿童教育教学的特点

儿童教育教学是一项至关重要的任务，它旨在通过一系列精心设计的活动和教学方法，激发儿童的学习兴趣和潜能，为他们未来的成长和发展奠定坚实的基础。以下将详细阐述儿童教育教学的特点，并辅以具体的例子和解释，以帮助读者更好地理解这一领域。

首先，儿童教育教学具有针对性的特点。由于儿童的年龄、认知水平和兴趣爱好各不相同，因此，在教学过程中，教师需要针对每个孩子的特点制定个性化的教学方案。例如，对于年龄较小的儿童，教师可以通过游戏、故事等方式激发他们的学习兴趣；而对于年龄稍大的儿童，则可以引导他们进行更深入的探究和思考。这种针对性的教学方法有助于满足不同儿童的需求，促进他们的全面发展。

其次，儿童教育教学注重实践性和体验性。儿童天生好奇、好动，他们喜欢通过亲身体验来获取知识。因此，在教学过程中，教师应尽可能地为儿童提供丰富多样的实践机会，让他们在实践中学习和成长。例如，在教授自然科学知识时，教师可以组织儿童进行实地考察、观察实验等活动，让他们在亲身体验中感受科学的魅力。这种实践性和体验性的教学方式有助于培养儿童的创新能力和实践能力。

再次，儿童教育教学还强调互动性和合作性。在教学过程中，教师应积极与儿童进行互动，鼓励他们表达自己的观点和想法，同时也要引导他们学会倾听和尊重他人的意见。此外，教师还可以组织儿童进行合作性学习活动，让他们在团队中相互协作、共同进步。这种互动性和合作性的教学方式有助于培养儿童的沟通能力和团队精神。

最后，儿童教育教学还注重情感教育和价值观培养。在教学过程中，教师不仅要关注儿童的认知发展，还要关注他们的情感需求和价值观形成。教师应通过情感引导、价值渗透等方式，帮助儿童树立正确的价值观，培养他们的良好品质。例如，在教授道德知识时，教师可以通过讲述故事、讨论案例等方式，引导儿童理解并践行道德规范。这种注重情感教育和价值观培养的教学方式有助于培养儿童的健全人格和良好品德。

综上所述，儿童教育教学具有针对性、实践性、体验性、互动性和合作性以及情感教育和价值观培养等特点。这些特点共同构成了儿童教育教学的核心要素，为儿童的全面发展提供了有力的支持。同时，这些特点也要求教师在教学过程中不断探索和创新，以适应不同儿童的需求和发展阶段，为他们的成长和发展创造更好的条件[1]。

第二节　儿童教育课程的内涵

一、儿童教育课程的内涵

儿童教育课程，作为孩子们成长道路上的重要一环，承载着培养他们各项能力和素质的使命。这一领域涉及众多方面，旨在为孩子提供全方位的教育体验，助力他们健康、快乐地成长。

首先，儿童教育课程注重培养孩子的认知能力。通过一系列精心设

---

[1]殷海燕.新时期幼儿园教育教学工作研究[M].长春：吉林出版集团股份有限公司，2023：1-54.

计的活动，如数学游戏、科学实验等，激发孩子们的好奇心和探索欲，帮助他们建立对世界的初步认识。同时，课程还注重培养孩子的思维能力，通过逻辑推理、问题解决等活动，锻炼他们的分析、判断、创新等能力。

其次，儿童教育课程强调孩子的情感教育和社交技能的培养。在课程设计中，注重培养孩子的同理心、自信心和责任感等品质。通过角色扮演、团队合作等活动，让孩子们学会与他人相处、沟通、合作，培养他们的社交技能。此外，课程还关注孩子的心理健康，通过心理辅导、情绪管理等方式，帮助他们建立健康的心理状态。

最后，儿童教育课程还涵盖了体育和艺术等多个方面。通过体育活动，如运动训练、体能锻炼等，提高孩子的身体素质，培养他们的团队协作能力和竞技精神。在艺术领域，课程注重培养孩子的审美能力和创造力，通过绘画、音乐、舞蹈等艺术活动，激发孩子们的想象力和创造力。

在儿童教育课程的设计与实施过程中，还需要充分考虑孩子的年龄特点和兴趣爱好。针对不同年龄段的孩子，课程内容和形式应有所区别，以符合他们的认知水平和心理需求。同时，课程应关注孩子的兴趣点，通过有趣的活动和教学方式，激发他们的学习兴趣和积极性。

总的来说，儿童教育课程内涵丰富、结构清晰，旨在为孩子提供全面、系统的教育体验。通过这一课程的学习，孩子们不仅能够掌握基础知识和技能，还能够培养良好的情感品质、社交技能和创造力，为未来的成长奠定坚实的基础。

二、幼儿园课程

对于课程的概念，不同的学者从不同的角度进行了定义，较有影响的有：课程即学习科目和教材；课程即儿童在校获得的学习经验；课程即学校组织的学习活动；课程即教学计划；课程即预期的学习结果或目标；课程即社会文化的再生产。

与课程的定义一样，对幼儿园课程内涵的界定呈现多样化的趋势。美国学前教育专家斯波代克认为学前课程是"教师为在园儿童提供的有组织的经验形式"。日本的板元彦太郎认为学前课程"是为了有效地实现幼儿园的教育目标，根据幼儿身心发展的特点和各国各地区的实际情况而组织安排的教育内容（适合于幼儿的经验、活动）的总体"。《英国3—5岁课程标准》对课程的定义是："幼儿在机构中所做、所见、所听或所感觉到的任何事情，包括经过计划的和未经计划的内容。"

赵寄石教授对幼儿园课程的界定是："学前教育课程是指反映学前儿童某一发展领域教育教学规律的整体结构或者是反映学前教育机构整体教育客观规律的总体结构。"冯晓霞教授认为，幼儿园课程是实现幼儿园教育目的的手段，是帮助幼儿获得有益的学习经验促进其身心全面和谐发展的各种活动的总和。虞永平教授认为，幼儿园课程是一件正在发生着的事。对幼儿来说，学习就是行动，就是有事可做。课程就是让幼儿依照一定的目的做事。做事，就是多感官的、全身心的投入和行动，以改变环境、改变自己。

结合研究具体情境，研究者倾向于认为幼儿园课程是幼儿在教师创设的环境中，在教师支持、引导和鼓励下，获得有益经验的过程[1]。

三、幼儿园教育的要求

幼儿园教育是基础教育的重要组成部分，是我国学校教育和终身教育的奠基阶段。城乡各类幼儿园都应从实际出发，因地制宜地实施素质教育，为幼儿一生的发展打好基础。

幼儿园应与家庭、社区密切合作，与小学相互衔接，综合利用各种教育资源，共同为幼儿的发展创造良好的条件。

幼儿园应为幼儿提供健康、丰富的生活和活动环境，满足他们多方面发展的需要，使他们在快乐的童年生活中获得有益于身心发展的经验。

幼儿园教育应尊重幼儿的人格和权利，尊重幼儿身心发展的规律和学习特点，以游戏为基本活动，保教并重，关注个别差异，促进每个幼儿富有个性的发展[2]。

---

[1]姜黎. 幼儿园地方文化课程资源开发利用的个案研究[D]. 南京：南京师范大学，2021：13-15.
[2]中华人民共和国教育部. 幼儿园教育指导纲要（试行）[M]. 北京：北京师范大学出版社，2001：1.

第三节　儿童教育课程的目标

一、儿童教育课程的目标

儿童教育课程的目标远不止于传授基础知识和技能，更重要的是为孩子们打造一个全面发展的平台，助力他们成长为具备独立思考、创新精神和团队协作能力的未来之星。

首先，儿童教育课程的核心目标是培养孩子们的认知能力。通过教授数学、语文、科学等基础学科，帮助孩子们建立扎实的学科基础，提高他们的逻辑思维、语言表达和解决问题的能力。同时，课程还注重培养孩子们的创造力和想象力，鼓励他们大胆尝试、勇于探索，激发他们内在的学习动力。

其次，儿童教育课程致力于培养孩子们的情感和社会能力。通过组织各类团队协作活动、角色扮演游戏等，让孩子们学会与他人相处、沟通合作，培养他们的共情能力和社交技巧。此外，课程还关注孩子们的心理健康，通过引导孩子们认识自我、管理情绪，帮助他们建立积极、健康的心态。

再次，儿童教育课程还注重培养孩子们的身体素质。通过体育课程、户外活动等方式，锻炼孩子们的体能，培养他们的运动习惯和锻炼意识。身体健康是孩子们全面发展的重要基础，也是他们未来能够更好地投入学习和生活的保障。

最后，儿童教育课程还强调对孩子们进行道德教育。通过讲述传统美德、培养孩子们的道德观念，让他们学会尊重他人、诚实守信、乐于助人。道德教育对于孩子们的成长至关重要，它能够帮助孩子们树立正确的价值观和人生观，成为有道德、有责任感的社会公民。

综上所述，儿童教育课程的目标涵盖了认知能力、情感和社会能力、身体素质以及道德教育等多个方面。这些目标的实现需要教育者和家长们的共同努力和配合，为孩子们创造一个良好的学习和成长环境。只有这样，我们才能培养出更多具备全面素质的小小未来之星，为社会的繁荣和发展贡献力量。

二、幼儿园保育和教育的主要目标

第一，促进幼儿身体正常发育和机能的协调发展，增强体质，促进心理健康，培养良好的生活习惯、卫生习惯和参加体育活动的兴趣。

第二，发展幼儿智力，培养正确运用感官和运用语言交往的基本能力，增进对环境的认识，培养有益的兴趣和求知欲望，培养初步的动手探究能力。

第三，萌发幼儿爱祖国、爱家乡、爱集体、爱劳动、爱科学的情感，培养诚实、自信、友爱、勇敢、勤学、好问、爱护公物、克服困难、讲礼貌、守纪律等良好的品德行为和习惯，以及活泼开朗的性格。

第四，培养幼儿初步感受美和表现美的情趣和能力[①]。

三、幼儿园教育的具体目标

（一）健康

第一，身体健康，在集体生活中情绪安定、愉快；

第二，生活、卫生习惯良好，有基本的生活自理能力；

第三，知道必要的安全保健常识，学习保护自己；

第四，喜欢参加体育活动，动作协调、灵活。

（二）语言

第一，乐意与人交谈，讲话礼貌；

第二，注意倾听对方讲话，能理解日常用语；

第三，能清楚地说出自己想说的事；

第四，喜欢听故事、看图书；

第五，能听懂和会说普通话。

（三）社会

第一，能主动地参与各项活动，有自信心；

---

①中华人民共和国教育部.幼儿园工作规程[M].北京：首都师范大出版社，2016：1-2.

第二，乐意与人交往，学习互助、合作和分享，有同情心；

第三，理解并遵守日常生活中基本的社会行为规则；

第四，能努力做好力所能及的事，不怕困难，有初步的责任感；

第五，爱父母长辈、老师和同伴，爱集体、爱家乡、爱祖国。

（四）科学

第一，对周围的事物、现象感兴趣，有好奇心和求知欲；

第二，能运用各种感官，动手动脑，探究问题；

第三，能用适当的方式表达、交流探索的过程和结果；

第四，能从生活和游戏中感受事物的数量关系并体验到数学的重要和有趣；

第五，爱护动植物，关心周围环境，亲近大自然，珍惜自然资源，有初步的环保意识。

（五）艺术

第一，能初步感受并喜爱环境、生活和艺术中的美；

第二，喜欢参加艺术活动，并能大胆地表现自己的情感和体验；

第三，能用自己喜欢的方式进行艺术表现活动[①]。

第四节　儿童教育课程的内容

一、儿童教育课程的内容

儿童教育课程的内容无疑是塑造孩子们未来人生轨迹的重要基石。这些课程的设计旨在激发孩子们的潜能，培养他们的综合素质，帮助他们建立正确的人生观、价值观和世界观。

儿童教育课程的内容丰富多样，涵盖了语言、数学、科学、艺术、体育等多个领域。在语言课程中，孩子们学习基本的听说读写技能，通

---

①中华人民共和国教育部．幼儿园教育指导纲要（试行）[M]．北京：北京师范大学出版社，2001：8-10.

过阅读、写作和口语表达等活动，不断提高自己的语言应用能力。数学课程则通过生动的实例和有趣的数学游戏，引导孩子们探索数学世界的奥秘，培养他们的逻辑思维和解决问题的能力。

科学课程是儿童教育中的重要组成部分，它让孩子们认识自然界的规律，了解科学技术的发展和应用。通过实验、观察和探究，孩子们能够培养科学精神和创新能力，为他们未来的科学探索奠定基础。

艺术课程则注重培养孩子们的审美能力和创造力。通过绘画、音乐、舞蹈等艺术形式，孩子们能够表达自己的情感和思想，感受艺术带来的愉悦和启发。体育课程则帮助孩子们锻炼身体，增强体质，培养团队协作精神和竞争意识。

此外，儿童教育课程还注重品德教育和心理健康教育。品德教育课程引导孩子们树立正确的道德观念，培养他们的道德情感和道德行为。心理健康教育课程则关注孩子们的心理健康，帮助他们建立积极的心态，应对生活中的挑战和压力。

总之，儿童教育课程的内容是一个系统工程，旨在全面提升孩子们的综合素质和能力。通过丰富多彩的课程内容和活动形式，孩子们能够在轻松愉快的氛围中学习和成长，为未来的生活和发展打下坚实的基础。同时，我们也需要不断关注孩子们的成长需求和个体差异，为他们提供更加个性化和精准的教育服务。

二、幼儿园教育的内容

（一）健康

第一，建立良好的师生、同伴关系，让幼儿在集体生活中感到温暖，心情愉快，形成安全感、信赖感。

第二，与家长配合，根据幼儿的需要建立科学的生活常规。培养幼儿良好的饮食、睡眠、盥洗、排泄等生活习惯和生活自理能力。

第三，教育幼儿爱清洁、讲卫生，注意保持个人和生活场所的整洁和卫生。

第四，密切结合幼儿的生活进行安全、营养和保健教育，提高幼儿的自我保护意识和能力。

第五，开展丰富多彩的户外游戏和体育活动，培养幼儿参加体育活动的兴趣和习惯，增强体质，提高对环境的适应能力。

第六，用幼儿感兴趣的方式发展基本动作，提高动作的协调性、灵活性。

第七，在体育活动中，培养幼儿坚强、勇敢、不怕困难的意志品质和主动、乐观、合作的态度。

（二）语言

第一，创造一个自由、宽松的语言交往环境，支持、鼓励、吸引幼儿与教师、同伴或其他人交谈，体验语言交流的乐趣，学习使用适当的、礼貌的语言交往。

第二，养成幼儿注意倾听的习惯，发展语言理解能力。

第三，鼓励幼儿大胆、清楚地表达自己的想法和感受，尝试说明、描述简单的事物或过程，发展语言表达能力和思维能力。

第四，引导幼儿接触优秀的儿童文学作品，使之感受语言的丰富和优美，并通过多种活动帮助幼儿加深对作品的体验和理解。

第五，培养幼儿对生活中常见的简单标记和文字符号的兴趣。

第六，利用图书、绘画和其他多种方式，引发幼儿对书籍、阅读和书写的兴趣，培养前阅读和前书写技能。

第七，提供普通话的语言环境，帮助幼儿熟悉、听懂并学说普通话。少数民族地区还应帮助幼儿学习本民族语言。

（三）社会

第一，引导幼儿参加各种集体活动，体验与教师、同伴等共同生活的乐趣，帮助他们正确认识自己和他人，养成对他人、社会亲近、合作的态度，学习初步的人际交往技能。

第二，为每个幼儿提供表现自己长处和获得成功的机会，增强其自尊心和自信心。

第三，提供自由活动的机会，支持幼儿自主地选择、计划活动，鼓励他们通过多方面的努力解决问题，不轻易放弃克服困难的尝试。

第四，在共同的生活和活动中，以多种方式引导幼儿认识、体验并理解基本的社会行为规则，学习自律和尊重他人。

第五，教育幼儿爱护玩具和其他物品，爱护公物和公共环境。

第六，与家庭、社区合作，引导幼儿了解自己的亲人以及与自己生活有关的各行各业人们的劳动，培养其对劳动者的热爱和对劳动成果的尊重。

第七，充分利用社会资源，引导幼儿实际感受祖国文化的丰富与优秀，感受家乡的变化和发展，激发幼儿爱家乡、爱祖国的情感。

第八，适当向幼儿介绍我国各民族和世界其他国家、民族的文化，使其感知人类文化的多样性和差异性，培养理解、尊重、平等的态度。

（四）科学

第一，引导幼儿对身边常见事物和现象的特点、变化规律产生兴趣和探究的欲望。

第二，为幼儿的探究活动创造宽松的环境，让每个幼儿都有机会参与尝试，支持、鼓励他们大胆提出问题，发表不同意见，学会尊重别人的观点和经验。

第三，提供丰富的可操作的材料，为每个幼儿都能运用多种感官、多种方式进行探索提供活动的条件。

第四，通过引导幼儿积极参加小组讨论、探索等方式，培养幼儿合作学习的意识和能力，学习用多种方式表现、交流、分享探索的过程和结果。

第五，引导幼儿对周围环境中的数、量、形、时间和空间等现象产生兴趣，建构初步的数概念，并学习用简单的数学方法解决生活和游戏中某些简单的问题。

第六，从生活或媒体中幼儿熟悉的科技成果入手，引导幼儿感受科学技术对生活的影响，培养他们对科学的兴趣和对科学家的崇敬。

第七，在幼儿生活经验的基础上，帮助幼儿了解自然、环境与人类生活的关系。从身边的小事入手，培养初步的环保意识和行为。

（五）艺术

第一，引导幼儿接触周围环境和生活中美好的人、事、物，丰富他们的感性经验和审美情趣，激发他们表现美、创造美的情趣。

第二，在艺术活动中面向全体幼儿，要针对他们的不同特点和需要，让每个幼儿都得到美的熏陶和培养。对有艺术天赋的幼儿要注意发展他们的艺术潜能。

第三，提供自由表现的机会，鼓励幼儿用不同的艺术形式大胆地表达自己的情感、理解和想象，尊重每个幼儿的想法和创造，肯定和接纳他们独特的审美感受和表现方式，分享他们创造的快乐。

第四，在支持、鼓励幼儿积极参加各种艺术活动并大胆表现的同时，帮助他们提高表现的技能和能力。

第五，指导幼儿利用身边的物品或废旧材料制作玩具、手工艺品等来美化自己的生活或开展其他活动。

第六，为幼儿创设展示自己作品的条件，引导幼儿相互交流、相互欣赏、共同提高①。

第五节　儿童教育课程的建设

一、儿童教育课程的建设

儿童教育课程的建设，是一项至关重要且充满挑战的任务。随着社会的快速发展和科技的日新月异，儿童教育课程的建设也在不断地更新与改进，以满足新时代对孩子们全面发展的需求。

首先，儿童教育课程的建设应着重于孩子们的全面发展。这包括智力、情感、身体、道德等多方面的发展。在智力方面，课程应设计各种富有挑战性的学习活动，激发孩子们的好奇心和探索欲望，培养他们的逻辑思维能力和创新精神。在情感方面，课程应关注孩子们的情感需求，通过互动、合作、分享等活动，帮助他们建立积极的人际关系，培养共情能力和自信心。在身体方面，课程应鼓励孩子们参加体育活动，提高

①中华人民共和国教育部. 幼儿园教育指导纲要（试行）[M]. 北京：北京师范大学出版社，2001：8-10.

身体素质，培养运动习惯。在道德方面，课程应强调道德教育，引导孩子们树立正确的价值观，培养社会责任感。

其次，儿童教育课程的建设应注重与日常生活的紧密结合。孩子们的生活经验是他们学习的宝贵资源，因此，课程应充分利用这些资源，引导孩子们从生活中发现知识、理解世界。例如，可以通过组织户外探险活动，让孩子们亲身感受大自然的魅力，了解生物多样性和环境保护的重要性；通过参观博物馆、科技馆等场所，让孩子们直观了解人类文明的发展历程，激发对科学知识的兴趣。

最后，儿童教育课程的建设还应充分利用现代科技手段。随着信息技术的不断发展，越来越多的科技手段被应用于教育领域。例如，利用多媒体教学工具，可以让课程内容更加生动有趣；利用在线教育平台，可以实现远程教学和资源共享；利用人工智能等技术，可以对孩子们的学习情况进行个性化分析和指导。这些科技手段的运用，不仅可以提高教学效果，还能为孩子们提供更加便捷、高效的学习体验。

在实证研究方面，有诸多研究证明了优质儿童教育课程对孩子们发展的积极影响。例如，一项针对幼儿园教育课程的研究发现，通过实施以游戏为主的综合性课程，孩子们的认知能力、社交能力和创造力都得到了显著提升。另外，一些实证研究还表明，注重个体差异和兴趣爱好的教育课程能够更好地满足孩子们的需求，促进他们的全面发展。

总之，儿童教育课程的建设是一项复杂而重要的任务。我们需要根据新时代的需求和孩子们的特点，不断创新和完善课程内容与形式，为孩子们提供更加丰富、多元、有趣的学习体验。同时，我们还应关注课程实施过程中的问题与挑战，及时总结经验教训，为今后的教育课程改革提供有益的参考。

二、幼儿园教育的组织与实施

第一，幼儿园的教育是为所有在园幼儿的健康成长服务的，要为每一个儿童，包括有特殊需要的儿童提供积极的支持和帮助。

第二，幼儿园的教育活动，是教师以多种形式有目的、有计划地引导幼儿生动、活泼、主动活动的教育过程。

第三，教育活动的组织与实施过程是教师创造性地开展工作的过程。

教师要根据《幼儿园教育指导纲要（试行）》，从本地、本园的条件出发，结合本班幼儿的实际情况，制定切实可行的工作计划并灵活地执行。

第四，教育活动目标要以《幼儿园工作规程》和《幼儿园教育指导纲要（试行）》所提出的各领域目标为指导，结合本班幼儿的发展水平、经验和需要来确定。

第五，教育活动内容的选择应遵照《幼儿园教育指导纲要（试行）》第二部分的有关条款进行，同时体现以下原则：

①既适合幼儿的现有水平，又有一定的挑战性。

②既符合幼儿的现实需要，又有利于其长远发展。

③既贴近幼儿的生活来选择幼儿感兴趣的事物和问题，又有助于拓展幼儿的经验和视野。

第六，教育活动内容的组织应充分考虑幼儿的学习特点和认识规律，各领域的内容要有机联系，相互渗透，注重综合性、趣味性、活动性，寓教育于生活、游戏之中。

第七，教育活动的组织形式应根据需要合理安排，因时、因地、因内容、因材料灵活地运用。

第八，环境是重要的教育资源，应通过环境的创设和利用，有效地促进幼儿的发展。

①幼儿园的空间、设施、活动材料和常规要求等应有利于引发、支持幼儿的游戏和各种探索活动，有利于引发、支持幼儿与周围环境之间积极的相互作用。

②幼儿同伴群体及幼儿园教师集体是宝贵的教育资源，应充分发挥这一资源的作用。

③教师的态度和管理方式应有助于形成安全、温馨的心理环境；言行举止应成为幼儿学习的良好榜样。

④家庭是幼儿园重要的合作伙伴。应本着尊重、平等、合作的原则，争取家长的理解、支持和主动参与，并积极支持、帮助家长提高教育能力。

⑤充分利用自然环境和社区的教育资源，扩展幼儿生活和学习的空间。幼儿园同时应为社区的早期教育提供服务。

第九，科学、合理地安排和组织一日生活。

①时间安排应有相对的稳定性与灵活性，既有利于形成秩序，又能满足幼儿的合理需要，照顾到个体差异。

②教师直接指导的活动和间接指导的活动相结合，保证幼儿每天有适当的自主选择和自由活动时间。教师直接指导的集体活动要能保证幼儿的积极参与，避免时间的隐性浪费。

③尽量减少不必要的集体行动和过渡环节，减少和消除消极等待现象。

④建立良好的常规，避免不必要的管理行为，逐步引导幼儿学习自我管理。

第十，教师应成为幼儿学习活动的支持者、合作者、引导者。

①以关怀、接纳、尊重的态度与幼儿交往。耐心倾听，努力理解幼儿的想法与感受，支持、鼓励他们大胆探索与表达。

②善于发现幼儿感兴趣的事物、游戏和偶发事件中所隐含的教育价值，把握时机，积极引导。

③关注幼儿在活动中的表现和反应，敏感地察觉他们的需要，及时以适当的方式应答，形成合作探究式的师生互动。

④尊重幼儿在发展水平、能力、经验、学习方式等方面的个体差异，因材施教，努力使每一个幼儿都能获得满足和成功。

⑤关注幼儿的特殊需要，包括各种发展潜能和不同发展障碍，与家庭密切配合，共同促进幼儿健康成长。

第十一，幼儿园教育要与0—3岁儿童的保育教育以及小学教育相互衔接。

三、幼儿园教育的教育评价

第一，教育评价是幼儿园教育工作的重要组成部分，是了解教育的适宜性、有效性，调整和改进工作，促进每一个幼儿发展，提高教育质量的必要手段。

第二，管理人员、教师、幼儿及其家长均是幼儿园教育评价工作的参与者。评价过程是各方共同参与、相互支持与合作的过程。

第三，评价的过程，是教师运用专业知识审视教育实践，发现、分析、研究、解决问题的过程，也是其自我成长的重要途径。

第四，幼儿园教育工作评价实行以教师自评为主，园长以及有关管理人员、其他教师和家长等参与评价的制度。

第五，评价应自然地伴随着整个教育过程进行。综合采用观察、谈话、作品分析等多种方法。

第六，幼儿的行为表现和发展变化具有重要的评价意义，教师应视之为重要的评价信息和改进工作的依据。

第七，教育工作评价宜重点考察以下方面：

①教育计划和教育活动的目标是否建立在了解本班幼儿现状的基础上。

②教育的内容、方式、策略、环境条件是否能调动幼儿学习的积极性。

③教育过程是否能为幼儿提供有益的学习经验，并符合其发展需要。

④教育内容、要求能否兼顾群体需要和个体差异，使每个幼儿都能得到发展，都有成功感。

⑤教师的指导是否有利于幼儿主动、有效地学习。

第八，对幼儿发展状况的评估，要注意：

①明确评价的目的是了解幼儿的发展需要，以便提供更加适宜的帮助和指导。

②全面了解幼儿的发展状况，防止片面性，尤其要避免只重知识和技能，忽略情感、社会性和实际能力的倾向。

③在日常活动与教育教学过程中采用自然的方法进行。平时观察所获的具有典型意义的幼儿行为表现和所积累的各种作品等，是评价的重要依据。

④承认和关注幼儿的个体差异，避免用划一的标准评价不同的幼儿，在幼儿面前慎用横向的比较。

⑤以发展的眼光看待幼儿，既要了解现有水平，更要关注其发展的速度、特点和倾向等[1]。

---

①中华人民共和国教育部.幼儿园教育指导纲要（试行）[M].北京：北京师范大学出版社，2001：12-15.

四、儿童教育课程的规章

(一)《幼儿园教育指导纲要(试行)》

《幼儿园教育指导纲要（试行）》（以下简称《纲要》）由教育部于2001年7月印发，从2001年9月起试行，旨在为进一步贯彻第三次全国教育工作会议和全国基础教育工作会议精神，落实《国务院关于基础教育改革与发展的决定》，推进幼儿园实施素质教育，全面提高幼儿园教育质量，其是根据党的教育方针和《幼儿园工作规程（1996版）》制定的，是指导广大幼儿教师将《幼儿园工作规程（1996版）》的教育思想和观念转化为教育行为的指导性文件。

(二)《幼儿园工作规程》

《幼儿园工作规程（2016版）》（以下简称《规程》）由教育部于2016年1月5日公布，自2016年3月1日起施行，旨在加强幼儿园的科学管理，规范办园行为，提高保育和教育质量，促进幼儿身心健康，从而依据《中华人民共和国教育法》等法律法规制定。

(三)《3—6岁儿童学习与发展指南》

《3—6岁儿童学习与发展指南》（以下简称《指南》）由教育部于2012年10月印发，旨在为深入贯彻教育规划纲要，落实《国务院关于当前发展学前教育的若干意见》（国发〔2010〕41号），帮助广大幼儿园教师和家长了解3—6岁幼儿学习与发展的基本规律和特点，全面提高科学保教水平[①]。

---

① 中华人民共和国教育部.3—6岁儿童学习与发展指南[R].北京：首都师范大学出版社，2012.

第三章　基于本土文化资源的
儿童教育课程基础

第一节　儿童教育课程利用本土文化资源的意义

一、儿童教育课程利用本土文化资源的必要性

（一）坚定文化自信的客观要求

全球化给中国经济发展带来机遇的同时，也使国内教育、文化等方面产生深刻变化。党的十八大以来，以习近平同志为核心的党中央把文化建设提升到新的历史高度，"文化自信是一个国家、一个民族发展中更基本、更深沉、更持久的力量"。党的二十大报告强调，中华优秀传统文化给我们的文化自信打下了深厚的历史根基。2014年印发的《完善中华优秀传统文化教育指导纲要》明确指出，"加强优秀传统文化教育，是深化中国特色社会主义教育和中国梦宣传教育的重要组成部分"。2017年印发的《关于实施优秀传统文化传承发展工程的意见》强调，应将中华优秀传统文化贯穿国民教育始终，以幼儿园教材为重点，构建中华文化课程和教材体系。习近平总书记指出："各族文化交相辉映，中华文化历久弥新，这是今天我们强大文化自信的根源。"各地方文化是中国特有的文化瑰宝，是中华优秀传统文化的重要组成部分，保护地方文化与保护优秀传统文化同等重要。因此，为铸就坚定文化自信的强大底气，增强民族自尊心、自信心和自豪感，保护与传承地方文化势在必行。

（二）幼儿园课程改革的实践需求

随着课程改革不断深入，当代教育价值观越来越倾向"应试教育"到"素质教育"的变革。正如《教育——财富蕴藏其中》所强调，现代

教育不再注重知识的无效传授，而应围绕学会认知、学会做事、学会共同生活、学会做人这四个教育支柱加以安排。在这一系列观念的影响下，国内幼儿园课程改革也在如火如荼地进行。目前，我国幼儿园课程形成了强调全面可持续发展的课程价值取向，课程目标从重知识技能走向关注核心素养，课程内容的选择更关注个体的文化场域和文化品性。此外，《纲要》明确指出，教育活动的组织与实施要从本地本园的条件出发，贴近幼儿的生活，结合幼儿的经验和需要来确定。为贯彻落实课程改革和《纲要》的精神，幼儿园应充分利用本土文化资源，将文化内容与幼儿园课程有机融合，扩展幼儿的生活和学习空间，提升幼儿园课程的文化属性，焕发出幼儿园课程的生命力。

（三）本土文化对幼儿发展具有重要教育价值

地方是滋养幼儿长大成人的一方沃土，本土文化是幼儿所在地区人民创造出的具有鲜明地方特色的精神财富和物质财富，集中体现这一地区人们生活习惯、行为方式和思想观念，与幼儿的日常生活息息相关。本土文化具有深刻的精神内涵，对幼儿的全面发展具有非常重要的价值。将本土文化资源引入幼儿园课程，把教育内容与幼儿已有生活经验紧密相连，符合其身心发展规律和年龄特点，不仅能够进一步加深幼儿对地方文化的认识，培养初步的地方认同和民族认同，为幼儿日后形成乡土情怀和归属感奠定良好感情基础，还能充实幼儿园课程内容，帮助幼儿获得综合性知识和能力，满足其多样的个性化需要，提高综合素养，促进幼儿德智体美等多方面的可持续发展[1]。

二、儿童教育课程利用本土文化资源的可行性

（一）儿童教育课程利用本土文化资源符合时代要求

本土文化资源是中华传统文化的重要组成部分，包括当地自然景观、风俗习惯、文物古迹、传统艺术和饮食文化在内，是在一个区域内长期存在发展并具有浓厚本土特色的文化成果[2]。国家对于文化的传承与发展

---

[1]王冠缨.地方文化融入幼儿园课程的行动研究——以即墨文化为例[D].南充：西华师范大学，2023：1-2.

[2]林立娜.乡土文化资源在《文化生活》教学中的运用研究——以邢台乡土文化资源为例[D].石家庄：河北师范大学，2014：2-8.

始终保持高度重视，《纲要》中提出，幼儿园要充分利用自然环境和社区资源，扩展幼儿学习和生活空间①。《指南》中指出，要利用民间游戏、传统节日等，适当向幼儿介绍我国主要民族和世界其他国家和民族文化②。2015年颁布的《幼儿园园长专业标准》中也提出，要重视幼儿园的文化育人功能，推动传统文化与幼儿园文化相结合，为教师和幼儿营造良好的文化氛围；同时也提到，要重视利用自然环境和社会（社区）的教育资源。

　　2017年9月，中共中央办公厅、国务院办公厅印发了文件《关于深化教育体制机制改革的意见》，其中对德育给予高度重视。《意见》指出，要用好自然资源、文化资源和各种社会资源等，加强中华传统文化教育，营造全方位育人新格局。2017年中共中央办公厅、国务院办公厅印发了《关于实施中华优秀传统文化传承发展工程的意见》，要求在教育的各个环节全方位融入中华优秀传统文化，其中包括启蒙教育在内的各个学段。《意见》指出，构建课程和教材体系，包括编写中华文化幼儿读物，创作绘本、童谣、儿歌等。2017年十九大报告中对文化给予了高度评价，文化作为国家、民族的灵魂，具有深远意义，报告指出，对于情感认同及行为习惯的培养，要"从娃娃抓起"。2022年10月，习近平总书记在党的二十大报告中提到文化近30次，并且指出要增强文化自信，激发全民族文化创新创造活力，传承中华优秀传统文化。鉴于此，本土文化资源开发对儿童教育课程发展的重要性逐步提升。

（二）本土文化资源蕴含丰富的教育价值

　　中华文化历经五千年的传承与发展，在各民族的交流冲突中，不断创新、融合，最终形成了独具特色的中华传统文化，我国地大物博，不同地区的文化具有不同的特色。福建省霞浦地区历史悠久，语言故事、传统节日、舞蹈、音乐等优秀传统文化，都为幼儿园课程建设提供了丰富的教育资源。

①中华人民共和国教育部.幼儿园教育指导纲要（试行）[M].北京：北京师范大学出版社，2001：13-19.
②中华人民共和国教育部.3—6岁儿童学习与发展指南[R].北京：首都师范大学出版社，2012.

陶行知先生1930年在《乡村教师》中提出"生活即教育"，认为生活中的一切事物都可以作为学习的对象，都能够教给我们知识。本土文化资源作为人类社会实践的产物，来源于社会生活，将其应用于幼儿园课程中，对于幼儿学习和生活空间的延展具有一定的积极意义。"地方文化是幼儿园教育资源的重要来源，丰富多彩的地方文化为幼儿的身心发展提供了亲缘性成长条件，这种教育影响可以突破幼儿园的时空范围而延伸至幼儿的家庭和社会公共生活，能够在最大限度上丰富幼儿园课程体系，进而提升幼儿园教育活动的有效性。"[1]文化资源是价值观教育的有效载体，其教育功能体现在价值取向、爱国主义精神、创新精神、审美情趣、生态教育等五个方面[2]，本土文化作为一种教育资源融入课程中，不仅能发挥本身的文化韵味，还能作为载体，开发和生成具有家乡本土文化特色的主题活动课程[3]。

"不同的社会文化与不同的课程相结合，必然会产生具有自身民族或地域文化的课程，从而为学生的发展提供一个更加广阔的环境。"[4]在建设幼儿园课程时，充分挖掘优质的本土文化资源，有利于丰富幼儿园课程资源，推动幼儿园园本课程建设。

三、儿童教育课程利用本土文化资源的意义

美国人类学家露丝·本尼迪克特在其《文化模式》一书中言简意赅，远见卓识地概括了文化对我们每一个人的影响："一个人从他呱呱坠地的那一刻起，他周围的环境与风俗习惯就影响着他的经历和行为。"让幼儿从小感知自己身边的文化，对其一生的发展都有着重要的作用。费孝通先生在《乡土中国》中写到，文化是依赖象征体系和个人记忆而维护着的社会共同经验。人不能离开社会生活，就不能不学习文化。文化得靠记忆，不能靠本能。所以，幼儿园应该充分挖掘幼儿生活环境中积极的教育资源，让幼儿从小汲取故土的文化营养，对家乡文化形成初步的感

①林虹. 地方文化与幼儿园课程的整合[J]. 学前教育研究, 2019（10）：93-96.
②游学民. 陕西本土文化资源的教育功能研究[J]. 牡丹江教育学院学报, 2011（4）：69-70.
③洪素芳. 家乡本土文化融入幼儿园课程的探索[J]. 学周刊, 2019（15）：152-153.
④吕甜雪. 中华优秀传统文化融入幼儿园课程中的困境与反思[J]. 国家通用语言文字教学与研究, 2022（5）：178-180.

受和认识，进而探寻和理解；可以激发儿童对家乡文化的关注与热爱，从而将本地方的文化加以传承和发扬。

"对幼儿来说，与周围的社会环境建立和谐关系，即适应社会是其社会学习的重要内容之一。"当今是一个多元文化并存的时代，"每一种文化都是平等的"。幼儿就生活在这样一个外来文化与中国传统文化及本地文化等诸多文化交织并相互作用的环境里，幼儿需要在了解外来文化的同时，也要加深对本地文化的理解。幼儿只有充分汲取了本民族本地区的优秀文化，才能在多元文化的世界中找到自我的立足点，才不会成为没有历史、没有根基的人。

本土文化来源于生活，回归于生活。本土文化是人们在漫长的生活长河中的智慧创造。本土文化包含了人们的生活态度、生活习惯、生活活动及生活材料、生活环境等，蕴含着丰富的生活智慧。本土文化就切实地存在于人们的生活环境，它潜移默化地影响着人的发展。

本土文化融入幼儿园课程的意义正在于，使幼儿置身于文化多样性中，使幼儿拥有文化的自信，拥有与其他文化平等对话的权利，激发文化创新的能力。正如虞永平教授所说："作为文化形式的幼儿园课程，其价值不只在使幼儿被塑造，不只在塑造可以传承人类文化的人，其最核心的价值是发展幼儿健全的精神、人格和体魄，完善下一代的整个人生。"[①]

第二节 儿童教育课程利用本土文化资源的理论

一、心理学基础

认知心理学派代表人物皮亚杰提出的知识建构理论对幼儿园课程产生了很大影响，他的主要贡献在于创造了儿童发展的阶段论，揭示了儿童认知发展的规律。历史—文化学派代表人物维果茨基的理论中，"最近

---

①姜黎.幼儿园地方文化课程资源开发利用的个案研究[D].南京：南京师范大学，2021：13-15.

发展区""鹰架教学""心理工具"这三个概念对幼儿园课程影响最为直接，他专门指出，文化对于人类的性格发展与心理状态变化，有着极为重要的作用，文化还是人类参与各种活动的主要动力。上述论断表明，文化对于人类生存、发展与生活有着至关重要的意义。在当前情况下，霞浦地区有着非常丰富的文化资源，历史悠久，文化气息十分浓厚，倘若幼儿能够在这一浓重的文化气息中得到有效的熏陶，同时教师也能够把相关的文化内容融入教育活动当中，定能使当地幼儿更好地融入霞浦地区的社会生活当中，进而促进幼儿的认知发展。

二、社会学基础

来自美国的社会学家勃朗芬布伦纳先生指出，对于处在幼年时期的人类来说，社会文化与自然文化有着十分重要的作用。他将人类所采取的所有行为都融入相辅相成、互相关联的社会文化体系当中，从而对社会文化体系中各个因素之间的巧妙作用展开分析，进而得出这些因素对人类心理活动与行为特征所造成的影响。他提出，在幼儿的生长与发育过程中，其对周边社会的了解也在不断提升，进而对其性格与心理情况造成潜移默化的影响。

所以，在开展相关的教育与研究活动时，应当将幼儿教育环境、生活环境、生长环境有效地结合在一起，形成一个综合的体系，这样便能将社会文化与幼儿生长发育巧妙地融为一体。幼儿性格的形成与心理的成长与上述体系中的多个因素有着十分紧密的联系，而在霞浦这一拥有丰富文化资源的环境中，幼儿逐渐对当地文化特色感同身受，进而形成一定的人生观与社会观，从而将这些心理反映到其日常行为与活动当中。

三、生态学基础

生态系统理论是由布朗芬布伦纳（Urie Bronfenbrenner）提出的个体发展模型，强调发展个体嵌套于相互影响的一系列环境系统之中，在这些环境系统中，系统与个体相互作用并影响着个体发展。最里层首先是不断变化发展的微观系统（Microsystems），指个体活动和直接的交往环境。对大多数婴儿来说，微观系统仅限于家庭环境之中。随着婴儿成长发育，活动范围也在逐渐扩展，更多的内容不断纳入到微系统中来，包括幼儿园、学校和同伴关系。对3—6岁阶段幼儿来说，除家庭以外对其影响最大的微系统是幼儿园。第二个是中间系统（Mesosystem），中间系统是指各个微系统之间的联系或相互关系。布朗芬布伦纳认为，如果各个微系统之间有着较强的积极的联系，可能实现发展的最优化。相反，微系统间有着非积极的联系则会产生消极的后果。第三个环境层次是外层系统（Exosystem），是指那些幼儿并未直接参与其中但却对幼儿的发展产生影响的系统。第四个环境系统是宏观系统（Macrosystem），指的是存在于以上3个系统中的文化、亚文化和社会环境。布朗芬布伦纳的模型还包括时间纬度（Chronosystem），或称作历时系统。把时间作为研究个体成长中心理变化的参照体系，他强调了幼儿的变化或者发展将时间和环境相结合来考察幼儿发展的动态过程。

课程对本土文化资源的充分利用，是将幼儿并未直接参与但是却对幼儿的发展产生重要影响的环境资源利用课程的方式组织到幼儿可以直接接触，并对幼儿产生最大影响的微观环境中，这将会使本土文化资源的作用充分发挥到最大，对幼儿的发展也具有极大的积极影响。

四、教育学基础

我国教育家陈鹤琴先生指出，对于幼儿的生长与发育来说，社会与自然都是十分优秀的教育资源，因此应当将社会与自然充分地纳入幼儿园课程当中，让幼儿在社会与自然的怀抱中，充分感受自然、体会社会，更好地融入社会生活，亲近自然环境，从而通过亲自的认识与感悟，获取第一手经验和知识。

陈鹤琴先生是我国著名的儿童教育家，他的活教育理论首先是目的论，活教育的目的是要儿童"做人，做中国人，做现代中国人"，要逐步把儿童培养成为具有健康的体魄、建设的能力、创造的能力和合作精神的现代中国人。其次是课程论，陈鹤琴先生认为大自然、大社会都是"活教材"，要引导儿童走进自然、走进社会、走进生活，用亲身实践和观察来获得经验和知识。最后是方法论，陈鹤琴先生提出教育过程应该分为四个步骤：实验与观察、阅读与思考、发表与创作、批评与研讨。他认为"做"是儿童学习的基础，让儿童在"做"的过程中主动获取知识和经验，他强调"一切的学习，不论是肌肉的，不论是感觉的，不论是神经的，都要靠'做'的"。

陈鹤琴先生的"活教育"思想为本研究提供了理论指导。首先，"活教育"理论为本研究阐述本土文化资源的重要性提供了出发点。"大自然、大社会都是活教材"，基于此，研究者从教师对本土文化资源应用于课程的认识现状、内容遴选和组织实施三个方面对本土文化资源在课程中的应用情况进行分析研究。其次，"活教育"理论对促进本土文化资源在课程中的应用有着启示作用，可以通过对本土文化资源的挖掘利用，充分发挥自然和社会"活教材"的作用，增强幼儿文化自信，把幼儿培养成"现代的中国人"[①]。

在开展幼儿教育与课程发展的过程中，当地的文化内容与文化环境深深地扎根在幼儿的内心世界当中，只有对幼儿的文化意识与文化理念展开深入的开发，才能让幼儿更好地融入文化的氛围当中，进而深入地认识生活、感悟生活，促进其心理的成熟与发展，而这就是开发利用的要义所在[②]。

第三节　儿童教育课程利用本土文化资源的不足

一、儿童教育课程利用本土文化资源的影响因素

随着社会的快速发展和全球化的推进，儿童教育课程逐渐呈现出多元化、本土化的趋势。本土文化资源作为儿童教育的重要载体，其利用情况对于儿童教育的质量和发展具有重要意义。以下将详细探讨儿童教育课程利用本土文化资源的影响因素，以期为相关教育实践提供有益的参考。

第一，政策导向是影响儿童教育课程利用本土文化资源的关键因素。国家及地方政府出台的教育政策、发展规划往往会对教育课程的内容、

---

① 李国梁. 本土文化资源在幼儿园课程中的应用现状研究[D]. 西安：陕西理工大学，2023：1-7.
② 高云虹. 天水市幼儿园地方文化课程资源开发利用研究[D]. 天水：天水师范学院，2017：1-13.

方向产生重要影响。例如，当政府强调弘扬传统文化、培育民族精神时，教育课程便会更加注重本土文化资源的挖掘与利用。同时，政策导向还会影响教育资源的配置，为本土文化资源的利用提供有力保障。

第二，教育者的认知与态度对于儿童教育课程利用本土文化资源具有重要影响。教育者作为课程的设计者和实施者，其对于本土文化资源的认识、理解以及利用意愿直接影响到课程的质量和效果。只有当教育者充分认识到本土文化资源的教育价值，才能在设计课程时积极引入本土文化元素，使课程更具特色。

第三，儿童的兴趣与需求也是影响儿童教育课程利用本土文化资源的重要因素。儿童作为教育的主体，其兴趣与需求对于课程的选择和接受程度具有决定性作用。因此，在利用本土文化资源时，需要充分考虑儿童的年龄、心理特点及兴趣爱好，将本土文化元素与儿童的生活实际相结合，使课程更具吸引力和实用性。

第四，社区与家庭的支持对于儿童教育课程利用本土文化资源也至关重要。社区和家庭是儿童成长的重要环境，其对于本土文化的传承与弘扬具有不可替代的作用。当社区和家庭能够为儿童提供丰富的本土文化资源，如民俗活动、传统技艺等，便能激发儿童对本土文化的兴趣，促进其在课程中的学习与运用。

第五，本土文化资源的丰富程度和质量也是影响儿童教育课程利用的关键因素。不同地区的本土文化资源具有差异性，其丰富程度和质量直接影响儿童教育课程的设置和实施。在资源丰富、质量较高的地区，教育者可以更加便捷地挖掘和利用本土文化资源，使课程更具地域特色和文化底蕴。

综上所述，儿童教育课程利用本土文化资源的影响因素包括政策导向、教育者的认知与态度、儿童的兴趣与需求、社区与家庭的支持以及本土文化资源的丰富程度和质量等。这些因素相互作用，共同影响着儿童教育课程对本土文化资源的利用情况。因此，在设计和实施儿童教育课程时，需要充分考虑这些影响因素，以实现本土文化资源的有效利用和儿童教育的全面发展。

二、儿童教育课程利用本土文化资源的现状

在当今社会，儿童教育的重要性日益凸显，它不仅是孩子们成长过程中的基石，更是培养未来社会栋梁的关键。然而，尽管我们对儿童教育的重视程度不断提高，但在实际操作中，我们却常常发现儿童教育课程在利用本土文化资源方面存在明显的不足。

首先，我们需要认识到本土文化资源的丰富性和重要性。本土文化不仅包含了历史、传统、习俗等方面的知识，更蕴含了独特的价值观念、思维方式和生活智慧。这些资源对于孩子们的成长具有深远的影响，能够帮助他们更好地理解自己的文化根源，形成正确的世界观和价值观。

然而，当前许多儿童教育课程在利用本土文化资源方面却显得力不从心。一方面，一些课程过于注重知识的传授和技能的训练，而忽视了孩子们对本土文化的体验和感知。这使得孩子们在接触本土文化时，往往只是停留在表面的了解和记忆上，而无法真正领略其内在的魅力。另一方面，一些教育机构和教师在设计儿童教育课程时，缺乏对本土文化资源的深入挖掘和整合。他们往往只是简单地引入一些传统文化元素，而没有将其与课程内容进行有机融合，使得孩子们在学习的过程中难以形成对本土文化的整体认识和理解。

此外，还有一些课程在利用本土文化资源时，缺乏创新和多样性。他们往往只是采用传统的教学方式和方法，而没有根据孩子们的兴趣和特点进行个性化的设计。这使得孩子们在学习的过程中容易感到枯燥和乏味，从而失去了对本土文化的兴趣和热情。

针对以上问题，我们应该采取措施加强儿童教育课程对本土文化资源的利用。首先，教育机构和教师应该提高对本土文化资源的认识和重视程度，将其纳入课程设计的重要考量因素。其次，他们应该深入挖掘和整合本土文化资源，将其与课程内容进行有机融合，形成具有地方特色的课程体系。同时，他们还应该注重创新和多样性，采用多种教学方式和方法，激发孩子们对本土文化的兴趣和热情。

通过加强儿童教育课程对本土文化资源的利用，我们可以帮助孩子们更好地了解和认识自己的文化根源，形成正确的世界观和价值观。同

时，我们也可以培养孩子们对本土文化的热爱和传承意识，为传承和弘扬中华优秀传统文化做出贡献。

综上所述，儿童教育课程在利用本土文化资源方面存在的不足是一个值得我们关注和解决的问题。我们应该从多个方面入手，加强儿童教育课程对本土文化资源的利用和挖掘，为孩子们的成长提供更加全面和丰富的教育资源[1]。

---

①李国梁. 本土文化资源在幼儿园课程中的应用现状研究[D]. 西安：陕西理工大学，2023：1-7.

第四章　基于本土文化资源的
儿童教育课程审议

第一节　课程审议的视角

一、课程审议的概念

（一）课程审议

课程审议即课程开发主体（包含园长、教师、课程专家、幼儿和家长以及社区人士等）通过集体智慧对具体教育实践情境中所产生的问题进行反复讨论、权衡，以达成共识并做出决策或是相互启发的过程。

（二）幼儿园课程审议

幼儿园课程审议以幼儿园课程实施及建设为目的，对幼儿园课程实施过程及相关情境进行深入考察、讨论和分析，以便对相关的内容、策略等做出选择[①]。进一步阐明为围绕幼儿园课程实践情景中的问题，进行深入分析、反复讨论以达成共识并做出决策或是相互启发的过程。

二、课程审议的理论基础

（一）施瓦布的实践性课程理论

施瓦布的实践课程理论以德国教育学家施瓦布为代表，施瓦布在超越传统课程开发模式"研究—开发—推广"的基础上，提出课程实践的课程模式。他的实践性课程理论主要包括以下四个方面内容：实践模式的课程价值——实践旨趣；实践模式的课程主体——教师和学生；实践模式的课程开发方式——集体审议；实践模式的方法论——行动研究[②]。

①虞永平.幼儿园课程审议与教师的专业成长[J].幼儿教育，2005（3）：8-9.
②史学正，徐来群.施瓦布的课程理论述评[J].外国教育研究，2005（1）：68-70.

1.实践模式的课程价值——实践旨趣

施瓦布提出了以"实践兴趣"为指向的实践性课程，并将实践兴趣作为实践性课程的根本旨趣。实践兴趣（实践旨趣）是建立在对意义的一致性解释基础上、通过与环境的相互作用而理解环境的基本兴趣，它强调过程和行为自身的目的，强调理解环境以便能与环境相互作用①。施瓦布所主张的"实践兴趣"课程目的就是反对把单一的知识能力掌握作为课程目的，要求把能力与德性的共同提高和发展作为课程的目的。

2.实践模式的课程主体——教师和学生

在传统的课程模式之中，课程的主体自然而然是教师，但是课程的制定者却未必是教师，教师很多时候都只是课程的践行者。而施瓦布认为课程必须考虑教材、学生、环境和教师四种要素，随后施瓦布进一步说明应以学校为基础，建立由校长、教师、学生、课程专家、社会学家、心理学家和社区代表等成员组成"课程集体"。施瓦布认为教师和学生等多种角色都应该参与到课程开发之中。

3.实践模式的课程开发方式——集体审议

实践性课程观尊重课程研究和课程开发的情境性，强调课程的实践价值和动态过程，重视课程开发中结果与过程、目的与手段的统一，重视教师和学生在课程开发中的作用，主张用集体审议的方法解决课程问题②。

（1）审议的内涵

课程审议为施瓦布首创，他主张审议是指以教育、学习中的具体问题为基础，教育研究的主体通过合理、公正的对话、协商、讨论，对教育问题形成一贯的最佳应对方案的过程。

（2）审议的特征

施瓦布认为课程审议的特征为，第一，方案的形成与选择，审议首先要求的就是有可判断的备择方案，以满足审议成员进行参考、权衡和选择的。第二，解决实践问题而非理论问题。第三，遵循实践逻辑而非

---

① 单丁.课程论流派研究[M].济南：山东教育出版社，1998.
② 蓝同磊.施瓦布的实践性课程开发理论及其评价[J].南宁师范高等专科学校学报，2006（3）：98.

形式逻辑。第四，群体的决策过程和互动的教育过程。

（3）审议的模式

施瓦布本人对审议的过程也作了相关研究。施瓦布本人对审议的程序也进行过有关调研。施瓦布指出，审议程序分为"发现、联合、运用"三个阶段。同时表示，这三个阶段并不是连贯的过程，是交替完成的。

（4）审议的艺术

施瓦布描述了审议的三种艺术：实践的艺术、准实践的艺术和折中的艺术。实践的艺术包括"观察的艺术""问题形成的艺术""问题解决的艺术"。准实践的艺术是处理多个互相关联的复杂情境的适宜方法，是实践的艺术的延伸。折中的艺术是识别具体的教育实践情景，对不同的理论进行选择、修改、折中，使之适合实践的需要的艺术。

（二）杜威的实用主义教育哲学

杜威批判了教师一味地传授知识，轻视学生实践的传统教育理论，提出了"做中学"的观点。杜威认为："经验和知识是统一的，不是两元的。经验的产生有赖于感觉器官接受外界刺激，然后由人对之作出反应，而作出反应时既要利用旧有的经验，又须作出新的假定，从而获得新事物和新意义，即知识。"[1]与审议的内涵结合看来，肯定了教师、幼儿等作为教学经验产生者，与专家等知识产生者共同参与课程、课程审议的必要性。

（三）陶行知"教学做合一"理论

"教学做合一"是陶行知倡导的生活教育理论的教学论思想。陶行知先生在《教学做合一》里写道："教学做是一件事，不是三件事。""教学合一"的原因有三点：一是"先生的责任在于教学生学"。二是"先生教的法子根据学的法子"。这一观点也就是因材施教，每个幼儿都有他自己的特点，教师应该采取不同的教学方式，通过日常观察了解每一名幼儿的不同特点，因材施教。三是"先生必须一面教一面学"。教师应该一面指导幼儿，一面研究学问，不仅充实自己，还会带来教学的快乐，否则年复一年地教授旧知识，很容易厌倦。身为教师，不应该拘泥于本专

---

[1]杜威.民主主义与教育[M].王承绪，译.北京：人民教育出版社，2001：23.

业的知识，我们还应该多去了解其他方面的内容，比如现代教育技术、文学、艺术等。教师应该终身学习，这样才能不落伍，进而不断进步[①]。

第二节　课程审议的步骤

一、审议小组的形成：多方人员共同参与

审议是多个主体对同一事物的协商、交流，幼儿园园本课程审议的多个主体包含哪些决定着审议的有效性和综合性。施瓦布认为课程审议集体由校长、教师、学生、课程专家、社会学家、心理学家和社区代表等成员组成。幼儿园园本课程审议小组成员应包含专家、园长、保教主任、年段长、普通教师、幼儿、家长等多方人员。马瑞园从小学实践出发认为教师群体课程审议集体应由校长、年级组长、各学科小组长、普通教师以及学校所聘请的高校专家所组成[②]。

（一）教师是审议的主体

幼儿园的课程审议是以幼儿教师课程审议为主体、核心和主要推动力量的[③]。在幼儿园的园本课程审议中应以教师审议为主。幼儿园可将教师审议小组划分为两级：一个是园级审议小组，主体为保教工作分管副园长、各园区保教主任、各园区主任、骨干教师；一个是年段审议，主体是年段的全体教师。从参与范围来看，教师的参与面需非常广泛，基本上全体教师都会参与到园本课程审议中来。总体来看幼儿园园本课程审议由业务园长为主，业务骨干教师们制定框架和大方向，其余教师遵照一定程序开展。

园级审议的教师团队应以教龄5年以上的幼儿园业务骨干为主，其业务能力突出，理论知识和实践经验比较丰富；年段审议的教师队伍中则应同时包含有经验的"老教师"和经验相对缺乏的"青年教师"，涵盖

---

①俞淑微. 幼儿园园本课程开发中课程审议的个案研究[D]. 重庆：西南大学，2023.

②马瑞园. 小学课程建设中的教师群体课程审议研究[D]. 重庆：西南大学，2016.

③刘小林. 幼儿园教师集体课程审议的个案研究[D]. 长春：东北师范大学，2009.

面更加广泛，全园教师均参与其中，每位教师轮流担当主持者，这样便可充分保证每位教师都能参与园本课程审议之中，不同层次教师的参与性也会比较强。

（二）幼儿是审议的重要参与者

从课程审议的启动实施来看，教师与学生是课程审议的主要发起人[1]。幼儿是园本课程的重要参与者，也是园本课程的基础和来源，在园本课程审议中也是重要的参与者。幼儿审议一般体现在班级审议之中，幼儿园的幼儿可以通过绘制儿童海报、语言表达等方式参与到审议之中，用独特的方式表达自己的所思所想。一方面，幼儿的观点与教师观点形成碰撞，直接参与班级审议的环节；另一方面，幼儿的审议作为教师各级审议的佐证和现实依据。

在幼儿园的班级审议之中，每位幼儿都可以通过自己喜欢和擅长的方式直接或者间接地参与到园本课程审议之中。

（三）专家是审议的理论支持者

相较于教师和幼儿，专家日常不参与到常规的三级审议之中，而是通过定期指导和建议的形式参与审议。专家的加入为园本课程审议提供了科学的引导和重要的理论支撑，引导着审议走向正确的方向，是审议的重要把舵人之一。幼儿园可聘请一名副教授作为园本课程审议的专家指导，定期通过查看审议资料或者参与1—2次审议现场的方式，就幼儿园园本课程审议的现状进行剖析并给予一定的建议。

（四）家长是审议的参与者

家长是基本教育者，是幼儿教育不可缺少的重要一环。家长作为利益相关者的重要一方，他们的意见与建议对教师如何开展课程决策也具备重要影响[2]。家长参与园本课程审议有助于进一步拓展课程智慧，吸收更多不同的思维方式，也有助于进一步拓展园本课程资源，帮助家长和教师的教育理念达成一致。

---

[1]张家军.论课程审议的内涵、价值取向与过程[J].课程·教材·教法，2012，32（6）：9-14.
[2]杨苗苗.IB校本化中的教师课程决策[D].上海：华东师范大学，2019.

幼儿园的教师在观念上应形成家长参与审议的意识，家长也会通过家长会、家长半日活动开放、家长群等方式积极参与到幼儿园园本课程审议之中。

二、形成议题：基于实践和经验的多方汇总

形成议题是课程审议的首要环节。横向来看，议题的形成一般来说是基于多方的实践汇总，包含且不限于幼儿、教师、园务班子等；纵向来看，审议的主题是各种既往和现下经验的汇总。关于审议议题的产生，它可以出现在审议活动开始之前，也可以是在审议活动展开的过程中形成的。针对具体审议议题的形成过程，主要从两个角度进行。一是自上而下地传达，二是自下而上地递交。

(一)源自园本课程的既定内容

园务班子搭建好了园本课程的框架和内容，这是教师们审议的基础。园级审议中对各年段的主题、集体教学活动、教学计划等内容形成了一套较为完整的体系。年段审议会就已有的主题、计划、目标等，结合幼儿兴趣、教学实际等进行审议。没有既定的园本课程，后面的审议也就无从谈起，已有的园本课程内容是审议的重要内容之一。

(二)源自幼儿的实践和已有经验

幼儿是园本课程的主体，幼儿的兴趣和实践是审议议题形成的最主要来源。幼儿实践是园本课程实践的重要内容，孩子们会在实践中遇到问题，产生新的想法，这些都是审议的重要内容。日常活动之中教师通过照片、视频的方式记录幼儿的实践，并通过教师分析、幼儿讲述、教师综合研判等方式，形成与幼儿实践相关的部分议题。

教师日常还应开展各种谈话活动，通过幼儿直接讲述自己的实践和认知，分析幼儿的实践情况和已有经验。例如，在《山海文化》主题审议之前，教师们通过晨间谈话等方式了解孩子们对霞浦山海的已有经验和实践感知，寻找孩子们的兴趣点和问题点所在。年段审议过程中，教师们针对本班幼儿的实践和经验情况进行讲述，多方汇总后形成《山海文化》主题审议的相关议题。

（三）源自教师的实践和已有经验

教师是园本课程审议的主要参与者，因此议题的形成一定程度上是基于教师的实践和已有经验。教师通过长期对园本课程的实践，结合自己对儿童的观察和对园本课程内涵的理解，形成对园本课程系统的观点和想法，从而生发出新的可审议的议题。

同时，教师会从自身实践经验出发，发现课程实践会存在的问题和冲突，作为审议的议题。

（四）源自以往经验与现实情况的碰撞

园本课程的形成不是一朝一夕的，是依靠长期实践经验的积累而成的。但是不可忽视的是，随着时代的进步以及情况的变化，以往的经验和现实情况会产生冲突或者碰撞，是审议议题的重要来源之一。例如，在主题《劳动的人们》中，存在一个结合以往经验而形成的裁缝的子主题，但对于现在的孩子来说裁缝很少接触到，主题是否该删去或者更改？新的审议议题由此产生。

三、观点说明和解释：问题的说明与识别

在审议过程中，教师们会诞生很多不同的观点和想法，他们会用多种不同的方式把自己的观点表达出来，同时也会为自己的观点寻找一定的理论支撑，以此让自己的观点更加具有说服力。

（一）多种方式的观点说明

在幼儿园课程审议中，教师们在阐述自己的观点和想法的时候应运用多种方式进行观点说明。

1.直接陈述式

这是教师们最常使用的观点呈现方式，直截了当地表明自己的观点和想法，可以比较直观地了解每一位老师的想法。

2.补充说明式

教师在讲述观点时很多时候基于自己的角度出发，讲述可能不是特别完善或者明确，会由其他相同观点的教师进行补充说明或者解释。

3.建议征询式

教师针对某一议题会有自己的想法，同时他也希望能够得到更多教师的不同想法，会通过发出"你们怎么看""你们的想法是什么""你们有更好的方案吗"等一系列征询语句，进一步引导其余教师表达不同的观点。

4.问题探讨式

每一位教师看待同一个问题会有不同的立场，教师在提出自己观点的同时，也会尊重不同的想法。在持有不同观点时，教师们会通过不断地探讨，以期待形成一个较为统一的观点和想法。

(二)结合理论的问题识别

教师们在审议时提出的观点会给予一定的理论支持，就幼儿园具体实践而言，一般都是结合《指南》中不同年龄段幼儿的发展目标。基本每一项被审议的活动目标都会链接到指南的相关要点，借此增强自己观点的说服力和可信度。

四、协商：多方观点的碰撞与融合

在课程审议的过程中，需要审议主体进行交流、沟通，对所持意见作出合理的解释，即审议是一个对话与协商的过程。课程主体要想就课程实践中存在的问题达成共识并最终将其解决，就必须进行对话、沟通、交流，因为"人类要达到'协同性'，没有什么路好走，只有诉诸对话"，"理解总是一种对话"[①]。园本课程审议的目标是通过对问题的讨论追求尽量一致的观点和思路，这也就意味着针对不同的观点，教师们要展开协商，选择或者形成"最优解"。

(一)自由的民主氛围

在幼儿园园本课程审议的过程中，每位教师都能够自如地参与到观点阐述和问题协商中。在每位教师能够自由发表观点的基础上，势必会产生观点冲突，在面对冲突时，教师们能够站在一个相对客观的角度进行协商讨论，而不会盲目地屈从领导或者权威。

①王治河.扑朔迷离的游戏——后现代哲学思潮研究[M].北京：社会科学文献出版社，1998：226-227.

（二）融合与分歧并存

园本课程审议中，面对观点的碰撞，教师们在大部分情况下都能通过观点补充、方案择优等方式达成一致，形成完整、统一的行动方案。但是在观察中，研究者也注意到并不是每一次教师们都能达成一致。当两种观点完全不同，无法互相说服或者两种方案均可，无法选择哪个更优的情况下，在确保大方向一致、目标一致的基础上，会允许一定分歧的存在。不同教师会对自己选择的某种方案进行实践，再行判断两种方案各自的可行度和适配度。

（三）协商是一个循序渐进的过程

课程审议的根本目标是解决学校课程实践中存在的问题，这是课程审议活动得以进行的动力。并非每次审议活动都能解决问题，因为人的行动并非只产生行动者所期望的结果（显在功能），有时也会产生与意图截然不同的结果（潜在功能）。园本课程审议在大部分情况之下，教师们都能通过协商当下形成解决方案。但是当审议的问题需要进一步明确无法当下解决或者教师们暂时没有好的方案时，协商会延迟到后续开展。后续开展的协商形式会相对简单，渠道也会由一开始的现场审议变为线上审议。

五、共识：形成策略付诸实践

达成共识，即对议题内容形成一致的观点，达成一致的行动方案。

（一）形成统一的实践方案

教师们面对审议的议题，通过观点说明、协商，最终会达成一定的共识，形成一套具体可实践的行动方案。这不仅仅是方案的统一，通过审议教师们的思维、理念也会在实践中保持一致，确保园本课程实践的科学性和同步性。

（二）实践诞生的新问题是进一步审议的起点

一次审议形成的方案并不是尽善尽美的，共识后形成的方案通过实践又会形成新的问题，成为后续进一步审议的议题，园本课程也在一次次不断的审议中优化、进步。

第三节 课程审议的形式

一、课程审议的层级

(一)搭建园本课程框架:园级课程审议

园级审议由幼儿园层面组织开展,主要参与人员为业务园长、保教主任、园区主任和年段长,专家也会通过直接或间接的方式参与园级审议。园级审议的主要目的是对已有的课程进行评审和讨论,进一步搭建和完善园本课程框架,确保园本课程实践方案与时俱进,与幼儿园发展方向和时代发展方向保持一致。

(二)聚焦行动,资源汇总:年段课程审议

年段审议是在园级审议的基础上开展的进一步的审议,会在园级审议得到的园本课程框架的基础上结合幼儿兴趣、资源等开展审议,更多关注课程的落地实践。幼儿园可于各个年段每学期基于5—6个主题开展年段审议,每个主题开展周期为3周。幼儿园园级审议后约定每个大主题要经历"前审议、中审议和后审议"三个阶段,也就意味着每周都需要开展年段审议。一般来说,每个年段开展年段审议的时间都是相对固定的,例如中班、大班年段固定周三中午开展。

(三)关注个体,推动实践:班级课程审议

班级审议是班级内教师、幼儿和家长针对园本课程实践中产生的问题进行讨论,形成一致的观点,从而解决问题的过程。班级审议相较于园级审议和年段审议,开展方式比较随意,一般是利用各种碎片化时间开展的。班级审议并没有固定的模式,幼儿园无须对班级审议提出相应的要求,但是班级审议又确实发生在幼儿园一日生活的角角落落。

二、基于本土文化资源的儿童教育课程审议形式

在当今社会,随着教育理念的更新和发展,幼儿园教育已逐渐摆脱传统的束缚,向着更加多元化、个性化的方向迈进。其中,基于本土文

化资源的幼儿园园本课程审议，正是当前幼儿园教育改革中的一个重要环节。它旨在通过深入挖掘和整合本土文化资源，构建符合幼儿身心发展特点、富有特色的园本课程，从而培养幼儿的民族自豪感和文化认同感。

在审议过程中，首先需要收集和分析本土文化资源的相关资料，包括历史文献、民间传说、地方特色等。通过对这些资料的梳理，可以提炼出具有教育意义的元素，为园本课程的构建提供素材。同时，还需要对幼儿的身心发展特点进行深入了解，以便将本土文化资源与幼儿的实际需求相结合，确保课程内容的适宜性。

审议形式方面，可以采用小组讨论、专家评审、家长参与等多种方式。小组讨论可以让教师充分发表自己的观点和想法，共同商讨如何更好地将本土文化资源融入园本课程；专家评审则可以从专业角度对课程内容进行把关，提出宝贵的建议；家长参与则有助于增强家园共育的效果，使家长更加了解和支持幼儿园的教育工作。

此外，审议过程中还可以引入实证研究的方法，通过观察和记录幼儿在学习本土文化过程中的表现，分析课程内容对幼儿发展的影响。这样不仅可以为审议提供科学依据，还可以为今后的课程改进提供有力支持。

在审议本土文化资源在幼儿园园本课程中的应用时，还需要注意以下几点：一是要确保课程内容的真实性、准确性和完整性，避免歪曲或误解本土文化；二是要注重课程内容的趣味性和互动性，以吸引幼儿的注意力并激发他们的学习兴趣；三是要关注课程内容的可操作性和实践性，以便幼儿能够在亲身体验中感受本土文化的魅力。

总之，基于本土文化资源的幼儿园园本课程审议是一个复杂而富有挑战性的过程。通过深入挖掘和整合本土文化资源，构建符合幼儿身心发展特点的园本课程，我们可以为幼儿的全面发展提供有力支持。同时，审议过程也有助于提升教师的专业素养和教育理念，推动幼儿园教育事业的不断发展。

第四节　课程审议的意义

一、课程审议的必要性

（一）园本课程开发带来的现实需求

《幼儿园教育指导纲要（试行）》中指出教育活动内容的组织应充分考虑幼儿的学习特点和认识规律，各领域的内容要有机联系、相互渗透，注重综合性、趣味性、活动性，寓教育于生活、游戏之中。如何有效组织教育活动势必与幼儿园课程密切相关，而幼儿园阶段并未有统一的课程标准和教材。为了拥有与本园实际相契合且适合本园幼儿的课程，各幼儿园也自主创生了许多不同的园本课程，各园的课程也从一开始的同性课程走向园本化课程，从原本的封闭循环走向生成和开放。园本课程的开发一方面使得课程更具地方特色，可以发挥幼儿园的资源优势，另一方面真正从幼儿的兴趣和需求出发，满足幼儿全面发展的需求。

但是不可忽视的是在园本课程开发和实践中也遇到一些问题，如何促进园本课程与时俱进，与幼儿当下的兴趣和经验契合；如何真正发挥课程的有效性，与幼儿园的资源、当地特色有机结合；如何提升幼儿园的课程质量，做到课程生发和实践中的问题及时发现、及时解决；如何有效推动课程与教师发展的整合等。园本课程开发实施中的各项问题亟待解决，由于缺少适合的评价机制，教师们缺失对园本课程的思考和反思。

而课程审议正是解局妙方。持有不同儿童观和教育理念的教师在课程审议过程中，针对课程开发和实施过程中遇到的问题展开多次讨论，观点冲击、对撞，最后对园本课程开发中遇到的问题进行协商、分析并给出切实可行的方案和策略。

（二）课程审议是园本课程开发的重要途径

在学前教育课程建设之中，创设和研究园本课程是研究者们关注的热点问题之一。幼儿园往往通过教研的方式对课程进行优化调整，为了进一步拓展教研的深度和广度，丰富教研形式，作为实践艺术的课程审议以教研的重要形式被提出来。同时，园本课程从目标确立、内容选择到组织实施与评价不是一个单向的过程，而是一个教师不断实践反思、不断修正完善的过程。园本课程开发是一个教师不断地发现问题，结合幼儿的发展需要、生活经验与他人的交流合作分析问题、解决问题的过程，其内涵及主体与课程审议不谋而合。课程审议是园本课程开发的重要途径，是民主、平等、多元主体参与的过程，能够引导教师、家长、幼儿等群体更广泛地参与到幼儿园课程之中，查找问题，并能针对问题提出多元的想法，真正凝聚起集体的智慧。课程审议有助于帮助教师转变角色，自下而上地参与到课程建设之中。课程审议有助于提高主题活动的适当性，能够有效解决课程实施中出现的问题，对园本课程的发展具有重要作用[①]。

二、基于本土文化资源的儿童教育课程审议的意义

基于本土文化资源的幼儿园园本课程审议，对于幼儿园的教育教学活动具有深远的意义。这一举措不仅有助于幼儿对本土文化的认识和传承，更能促进他们的全面发展，形成具有地域特色的教育风格。

首先，本土文化资源是幼儿园园本课程审议的重要素材。中国作为一个拥有悠久历史和灿烂文化的国家，各地的本土文化资源丰富多样，具有独特的地域特色和民族风情。幼儿园通过审议本土文化资源，可以筛选出适合幼儿认知水平和兴趣爱好的内容，将其融入园本课程中，使幼儿在接触和学习的过程中，逐渐认识到家乡文化的魅力。

其次，基于本土文化资源的幼儿园园本课程审议有助于传承和弘扬本土文化。在当今全球化的时代背景下，文化的交流与融合日益频繁，但本土文化的传承仍然具有不可替代的价值。幼儿园作为幼儿接受教育的初级阶段，承担着培养幼儿对本土文化认同感和归属感的重要任务。通过审议本土文化资源，幼儿园可以将传统文化与现代教育相结合，使幼儿在亲身体验和感悟中，逐渐传承和弘扬本土文化。

最后，基于本土文化资源的幼儿园园本课程审议有助于促进幼儿的

---

①俞淑微.幼儿园园本课程开发中课程审议的个案研究[D].重庆：西南大学，2023.

全面发展。本土文化资源往往蕴含着丰富的历史、地理、民俗、艺术等方面的知识，这些知识不仅有助于拓宽幼儿的视野，还能促进他们的语言、思维、情感、社会交往等多方面的发展。在审议过程中，教师可以根据幼儿的兴趣和需求，设计多样化的教学活动，如实地考察、手工制作、角色扮演等，使幼儿在亲身体验中感受本土文化的魅力，进而促进他们的全面发展。

综上所述，基于本土文化资源的幼儿园园本课程审议对于幼儿园的教育教学活动具有重要意义。它不仅有助于幼儿对本土文化的认识和传承，更能促进他们的全面发展，形成具有地域特色的教育风格。因此，幼儿园应该充分重视本土文化资源的挖掘和利用，将其融入园本课程中，为幼儿的成长和发展提供更加丰富和多元的教育环境。

第五章 儿童教育课程中的不同本土文化资源

第一节 本土美食文化

一、霞浦本土美食文化资源在儿童教育课程中的价值

霞浦，这片美丽而富饶的土地，不仅以其迷人的自然风光吸引着无数游客，更以其丰富的美食文化闻名遐迩。在霞浦，每一道菜肴都承载着深厚的历史底蕴和文化内涵，是当地人民智慧的结晶。因此，将霞浦本土美食文化资源引入儿童教育课程，不仅有助于传承和弘扬本土文化，还能为儿童的全面发展提供丰富的教育资源。

首先，霞浦本土美食文化资源在儿童教育课程中的应用有助于培养儿童的民族自豪感和文化认同感。通过向儿童介绍霞浦美食的历史渊源、制作工艺以及独特风味，可以让他们更加深入地了解本土文化的魅力。这种深入了解会让儿童对自己的家乡产生强烈的归属感，从而增强他们的民族自豪感和文化认同感。

其次，霞浦本土美食文化资源还能为儿童提供丰富的实践机会。在课程中，可以设置一系列与美食制作相关的实践活动，如和面、擀皮、包饺子等。这些活动不仅能让儿童亲身体验到美食制作的乐趣，还能锻炼他们的动手能力和团队协作能力。同时，通过实践，儿童还可以学习到食品安全、营养搭配等实用知识，为他们的健康成长打下坚实基础。

最后，霞浦本土美食文化资源还可以激发儿童的创造力和想象力。在课程中，可以鼓励儿童尝试将传统的霞浦美食进行创新改良，创造出属于自己的独特菜品。这种创新过程不仅能够锻炼儿童的思维能力，还能培养他们的创新意识和实践能力。

据统计，近年来，越来越多的学校开始尝试将本土美食文化资源引

入儿童教育课程，并取得了显著成效。许多儿童在参与这些课程后，不仅对本土文化有了更深入的了解，还在实践中提高了自己的综合素质。因此，我们有理由相信，霞浦本土美食文化资源在儿童教育课程中的应用具有广阔的前景和巨大的潜力。

综上所述，霞浦本土美食文化资源在儿童教育课程中的应用价值不言而喻。它不仅能够传承和弘扬本土文化，还能为儿童的全面发展提供丰富的教育资源。因此，我们应该充分发掘和利用这些宝贵的资源，为儿童的成长创造更加丰富多彩的教育环境。

二、霞浦本土美食文化资源在儿童教育课程中的应用

（一）霞浦本土美食文化资源在儿童教育课程中的应用策略

霞浦，一个富有浓厚文化底蕴的地方，其本土美食文化源远流长，具有独特的地域特色和民族风情。近年来，随着儿童教育理念的更新与提升，将本土美食文化资源融入儿童教育课程已成为一种新兴的教育模式。以下将详细探讨霞浦本土美食文化资源在儿童教育课程中的应用策略，以期为儿童教育课程提供新的思路和方向。

首先，我们需要明确霞浦本土美食文化的内涵与特点。霞浦美食以其独特的烹饪技艺、丰富的食材资源和深厚的文化底蕴，成为地方文化的重要组成部分。这些美食不仅味道独特，而且蕴含了丰富的历史传说和民俗风情，是儿童了解家乡、传承文化的重要途径。

在儿童教育课程中应用霞浦本土美食文化资源，可以从多个方面入手。首先，可以在课堂上组织孩子们观看霞浦美食的制作过程，让他们亲身感受美食文化的魅力。例如，可以邀请当地的厨师来校授课，让孩子们亲眼看见美食的制作过程，了解各种食材的特性和烹饪技巧。同时，教师还可以引导孩子们通过观察、记录、讨论等方式，深入了解美食背后的文化内涵和历史渊源。

其次，可以设计一系列与霞浦美食文化相关的实践活动。例如，可以组织孩子们开展美食制作比赛，让他们自己动手制作家乡的特色美食，从而加深对美食文化的理解和认识。此外，还可以组织孩子们进行美食文化探访活动，让他们走进当地的市场、餐馆等场所，亲身感受美食文

化的氛围和魅力。

再次，可以将霞浦美食文化融入课程教学中。例如，在语文课上，教师可以引导孩子们通过写作、朗诵等形式，表达对家乡美食的热爱和赞美；在美术课上，教师可以鼓励孩子们通过绘画、手工等方式，表现美食的形态和色彩；在音乐课上，教师可以教授孩子们一些与美食相关的歌曲和乐曲，让他们在欢快的旋律中感受美食文化的魅力。

最后，还可以利用现代科技手段，为儿童教育课程提供更多元化的教学资源。例如，可以制作一些与霞浦美食文化相关的动画、视频等多媒体教学资源，让孩子们在轻松愉快的氛围中学习美食文化。同时，还可以利用网络平台，建立美食文化学习社区，让孩子们能够在线交流学习心得和经验，共同分享美食文化的快乐。

综上所述，将霞浦本土美食文化资源应用于儿童教育课程中，不仅可以丰富课程内容，提高孩子们的学习兴趣，还能帮助他们更好地了解和传承家乡文化。因此，我们应该充分挖掘和利用本土美食文化资源，为儿童教育课程注入新的活力和内涵。同时，我们还应该不断创新教育方式和手段，使孩子们能够在轻松愉快的氛围中学习和成长。

（二）大班艺术活动"家乡的糖塔"

1.实践背景

糖塔，是霞浦民俗文化中的瑰宝，是福建省的民间工艺品。它是用白糖、色素等混合熬煮后浇入预制的各种模具中凝固而成的，造型丰富，工艺讲究，带有民间艺术特有的率直、质朴的特色，十分适合幼儿欣赏、表现。我园幼师李敏以本土民间艺术活动"家乡的糖塔"教学为例，探究如何在幼儿园实践研究中，引导幼儿领略本土民间艺术的魅力，提高审美能力和表现能力，培养对民族文化的认同感与使命感。

2.实践过程

（1）根植于社会，溯寻"糖塔"之文脉

民间艺术是中华民族文化的重要载体，具有浓郁鲜明的地域特色和审美情趣。糖塔是一种融合了历史与文化底蕴的食品工艺，承载着许多人美好的童年回忆。前期的家园活动中，请家长与幼儿共同收集糖塔、分享自己的童年故事。在六一民俗馆中开设糖塔馆，把民间艺人请进幼儿园，让幼儿近距离感受这项民间工艺。请幼儿走上街头去找一找、买一买糖塔等。基于民俗文化根脉，开展一系列"糖塔发现"文化体验活动，充分调动社会、家庭资源，以丰富幼儿认知经验。

（2）环境互动，体验"糖塔"之意趣

"一室一廊"皆课程，创设浓郁的民俗文化氛围，能让幼儿浸润其中，得到美的熏陶和启迪。活动初始，教师在班级中结合中秋节创设主题墙，介绍糖塔民俗文化渊源；在教室中摆放糖塔，幼儿闲暇时便会围着欣赏交流，体验其带来的节日氛围。伴随活动推进，教师将糖塔融入到各区域创设中：如在语言区提供糖塔图册，让幼儿"说一说"糖塔的由来，感受戚家军抵抗倭寇的奋勇机智。在美工区摆放糖塔及模具，让幼儿欣赏、写生、创意制作。在科学区开设水溶实验，让幼儿探索糖融化和凝固的过程等。充分利用幼儿创作的糖塔作品，丰富班级廊道环境。将幼儿塑造的糖塔投放到游戏中，如角色游戏中的商店、小吃店，使幼儿游戏更富有民俗意趣。幼儿在与环境积极互动中，自主感受，大胆探索表现，对本土民间艺术的自豪感与成就感也油然而生。

（3）积极实践，挖掘"糖塔"之课程

将民间艺术纳入幼儿园课程中，并不只是单纯地在现有课程中加入新成分，看起来热闹实则只流于形式。它需要教师深入理解民间艺术的内涵与价值，结合幼儿园实际情况和幼儿现有经验能力，寻找恰当的平衡点和支撑点，使民间艺术教育与幼儿发展水平相适应，融合和渗透于其他课程中，使幼儿园课程更加生活化、多元化。

①创设特色课程，领略民俗之美

以糖塔为载体，幼儿园开设了系列民俗特色课程。专门的欣赏课程能帮助幼儿梳理原有零散的经验，提升对民间艺术的感受力。教师将重点主要放在糖塔的造型与肌理上，通过观察、记录、对比、交流，引导幼儿感知各种线条（弧线、直线、波浪线、放射线、回旋线等）的运用，体验其营造出的特有的民俗韵味。由于糖塔整体为一色，教师便引导幼儿将线描画这一艺术形式与传统工艺相结合。从写生到自主设计，幼儿的作品表现本真，并加入自己喜欢的图案，如星星、爱心等，使糖塔多了一层童心童趣。在此基础上，再从平面表现到立体制作推进，引导幼儿使用超轻黏土制作糖塔。如此层层深入，在欣赏、感知、表现、创造的过程中，引领幼儿领略本土民间艺术之美。还开展了倒糖画、吹糖工艺、小面人等民间艺术的延伸拓展活动，引导幼儿感受民间艺术的多姿多彩，萌发他们对中华民间艺术文化的兴趣与喜爱。

②构建主题网络，有机整合推进

面对内涵丰富的糖塔艺术资源，教师结合大班幼儿的年龄特征和兴趣需要，以"家乡的糖塔"为主题，构建课程主题网络。

a.糖塔本身

制作工艺原料（如糖的种类、纯度要求等）

工具（特殊的模具、熬糖的器具等）

步骤（熬糖的火候、灌模的技巧等）

造型种类传统造型（如宝塔形、楼阁形等）

寓意（不同造型所代表的吉祥意义，如多层宝塔象征步步高升）

口感与品质甜度（不同人群对甜度的接受度）

质地（酥脆、绵密等）

b.与家乡的联系

文化传承历史渊源（糖塔在当地出现的年代、起源故事）

家族传承（是否有家族世代制作糖塔的传统）

地域特色特定地区（只有家乡特定区域制作糖塔的原因，如当地的气候适合糖的制作等）

节日关联（在当地节日中的特殊地位，如春节、庙会等节日糖塔是必备品）

c.糖塔的社会影响

商业价值市场销售（本地和外地的销售情况）

品牌化（有没有本地著名的糖塔品牌）

民俗意义作为礼物（赠送糖塔的习俗，如婚丧嫁娶、走亲访友等场合）

民俗活动中的角色（在民俗游行、祭祀等活动中的用途）

③关注动态需求，生成热点课程

真实的问题情境是触发幼儿自主学习的最佳契机，这样的生成使民俗文化课程更富生活的灵动与精彩。在"家乡的糖塔"活动中，幼儿发现放置糖塔的地方爬来许多小蚂蚁，一些蚂蚁都钻到糖塔袋子里了，幼儿便开始用拍、吹、抓各种方法处理糖塔上的小蚂蚁。教师针对这一突发事件，开展活动"糖塔保卫战"，让幼儿交流赶走蚂蚁的方法，并通过对比有和没有蚂蚁的糖塔，寻找缘由，共同商讨保存糖塔的办法，幼儿都能踊跃参与。糖塔不小心碎了，教师就与幼儿共同探究糖塔碎的秘密。他们不但对糖塔的质地有了进一步认识，还发现糖塔底部接触面大小、上下比例与稳定性的关系等。在开展活动的过程中，教师敏感地追踪幼儿的新动向，挖掘适宜的兴趣点生成活动，让民俗课程更贴合幼儿实际需求[①]。

第二节　本土人文文化

一、霞浦本土人文文化资源在儿童教育课程中的价值

霞浦，这片承载着丰厚历史与文化的土地，其本土人文资源丰富多彩，具有极高的教育价值。在儿童教育课程中，合理引入霞浦本土人文文化资源，不仅能够丰富课程内容，提升教育效果，还能培养孩子们对本土文化的认同感和自豪感。

首先，霞浦本土人文文化资源的引入能够丰富儿童教育课程的内容。霞浦的历史悠久，文化底蕴深厚，包括传统的民间艺术、民间故事、传统节日等。这些资源为儿童教育课程提供了丰富的素材和灵感，使得课程更具地方特色和文化内涵。例如，可以将霞浦的剪纸艺术、泥塑技艺等引入美术课程，让孩子们在动手制作的过程中感受传统文化的魅力；同时，将霞浦的民间故事、传说融入语言课程中，既能激发孩子们的阅读兴趣，又能帮助他们更好地理解本土文化。

其次，霞浦本土人文文化资源的引入有助于提升儿童教育课程的教育效果。本土文化资源贴近孩子们的生活实际，能够激发他们的学习兴

---

①李敏.幼儿园本土民间艺术教育实践探究——以大班艺术活动"家乡的糖塔"为例[J].福建基础教育研究，2019（9）：133-135.

趣和好奇心。通过亲身体验和感知，孩子们能够更直观地了解本土文化的内涵和价值，从而增强对传统文化的认同感和自豪感。此外，本土文化资源的引入还能培养孩子们的创新思维和实践能力，让他们在探索本土文化的过程中不断提升自己的综合素质。

再次，霞浦本土人文文化资源的引入对于培养孩子们的民族自豪感和文化认同感具有重要意义。在现代社会中，随着全球化的深入发展，外来文化对孩子们的影响越来越大。在这种情况下，加强本土文化教育显得尤为重要。通过引入霞浦本土人文文化资源，让孩子们在了解和学习本土文化的过程中，逐渐认识到本土文化的独特性和价值，从而培养起对本土文化的热爱和自豪感。这种文化认同感不仅有助于孩子们树立正确的价值观，还能为他们的成长和发展提供坚实的文化支撑。

为了充分发挥霞浦本土人文文化资源在儿童教育课程中的应用价值，我们需要采取一系列有效的措施。首先，教育部门应加强对本土文化资源的挖掘和整理工作，形成一套完整的本土文化教育资源库，为儿童教育课程提供丰富的素材和参考。其次，学校应积极组织开展本土文化教育实践活动，如组织孩子们参观本土文化景点、参加传统文化体验活动等，让孩子们在实践中感受本土文化的魅力。此外，家长也应积极参与孩子的本土文化教育，引导孩子了解和学习本土文化，培养他们的文化自信心和自豪感。

总之，霞浦本土人文文化资源在儿童教育课程中的应用价值不言而喻。通过合理引入本土文化资源，我们不仅可以丰富儿童教育课程的内容，提升教育效果，还能培养孩子们对本土文化的认同感和自豪感。在未来的儿童教育中，我们应更加注重本土文化资源的利用和开发，为孩子们的成长和发展提供更为丰富和多元的文化滋养。

二、霞浦本土人文文化资源在儿童教育课程中的应用

（一）传统文化

我国悠久的历史决定了中华优秀传统文化内容的丰富性和多样性。传统文化不仅包括传统节日、节气、经典文学作品，民间风俗、民间游戏、传统艺术等内容也是传统文化的重要组成部分。在大班幼儿生活化

课程中融入中华优秀传统文化，是落实《关于实施中华传统文化发展工程意见》《纲要》《指南》等方向性文件的应有举措，更是培育幼儿良好品质和优秀人格、激活幼儿艺术文化感知力、促进幼儿多方面和谐发展的必要之举。

1.掌握理论依据，理解应用意义

（1）贴合规律，契合目标

在各阶段教育模式不断改革创新的大背景下，幼儿教育体制的新发展方向已成为学前教育从业者的思考重点。在引入中华优秀传统文化构建兼具中国特色和文化传统的大班生活化幼儿课程时，教师应找准大班幼儿的身心发展规律特性，做好开展课程设计工作的基础性准备。

大班幼儿正处于身心发展的前期阶段，其对于事物的认识和感知主要通过具体形象和表面现象来进行，具有心理活动和行为上的无意性。同时，这个阶段的幼儿已经开始形成较为稚嫩的个性倾向，往往表现出活泼好动、爱模仿等特性。这要求幼儿教师在生活化课程的设计阶段做好构思和融合，让形态各异的中华优秀传统文化绽放出生动有趣的课程之花。教师应尽量选出符合幼儿发展特性，能够吸引幼儿注意力且易于幼儿模仿的传统文化资源，结合各地区特有的风俗和地域习惯开展教学活动，尽量激发幼儿的学习积极性，促使幼儿在了解本地特色的基础上激发热爱家乡之情，提高对家乡认可度和自豪感，从而促进幼儿对家乡文化的探索欲，自主参与到幼儿园相关教育教学中。

以近年来热度不断上升的"剪纸艺术"为例。剪纸色彩明艳，且操作过程相对安全，易于开展，是许多幼儿园设置大班幼儿生活化课程的重要资源。在设计以"剪纸"为主题的大班幼儿生活化课程时，教师需要结合本地特色选择剪纸文化资源，如南方的扬州剪纸、南京剪纸、蔚县剪纸，北方的陕西剪纸、北京剪纸等。在正式的教学活动中，教师可以借助多媒体设备播放剪纸艺术的视频，结合教材内容侧重讲解本地区的剪纸发展历史、起源、故事等，拓展学生对剪纸的认知，提高学生对剪纸的实践兴趣。同时，教师要告知学生剪纸实践中的细节以及注意事项，避免学生在操作过程中频频发生问题，提升学生实践的自信心。当然，教师有必要鼓励学生勇于尝试，将文化素养培育与实践教学紧密结合，从而增加课程的教育价值，在学生爱玩、好奇、爱模仿的天性基础上提升学生的创造力、审美力，这与幼儿学前教育教学的目标十分吻合，对于学生健全人格和良好品格的形成也具有重要意义。

（2）开发能力，激活热情

作为各方面素养培育、兴趣激活的关键性阶段，幼儿园大班阶段一直以来受到父母和学校的关注，在设计和构建融合传统文化的大班幼儿生活化课程时，幼儿教师要秉持"开发学生能力"的意识和初心，尽可能设计更加丰富的活动和游戏，让幼儿在欢声笑语中掌握知识，提高能力；同时，幼儿教师还要怀抱着"激发学生学习热情"的教学态度，保持良好的教学风格和"和风细雨"的态度，让"初入学堂"的大班幼儿充分感受到学习的乐趣，初步形成长期学习乃至于终身学习的良好习惯。

（3）根植生活，引导生活

"生活化课程"的命题由来已久，著名教育家张雪门就曾提出过"教育从生活出发，也从生活开展"的教育口号，经过不断发展，"课程生活化"已成为幼儿园课程的设计共识，成为开展幼儿教育的必要科学途径。让大班幼儿课程回归"生活化"，意味着教师在设计课程时要摒弃掉过于理论化的逻辑，让中华优秀传统文化尽可能地与幼儿生活相联系，让课程"根植中华优秀传统文化，来源于大班幼儿现实生活，依赖幼儿生活过程实践"。课程"生活化"气息要浓厚，意味着幼儿园园方和幼儿教师要携手创设健康丰富的生活情境和氛围，让学生在具有熟悉感和安全感的环境中自觉主动地发现问题、解决问题，提升幼儿的认知水平和创造能力。与此同时，在具体课程的开展过程中，教师要了解幼儿的性格、兴趣、心理，根据幼儿的生活阅历和生活经验创设合理的课程教学内容，幼儿在熟悉的生活化课程中才不会胆怯、恐惧等。教师要积极参与到课程教学的学习中，为幼儿今后的学习和发展奠定良好的基础。

2.健全培训机制,构建课程体系

（1）加强培训，提升素养

幼儿园园内教学对于大班幼儿成长具有极其关键的作用，幼儿教师的观念科学与否以及素养高低，严重影响着大班幼儿生活化课程的开展和中华优秀传统文化的渗透效果。因此，各幼儿园要加强对于幼儿教师的能力培训，切实转变部分幼儿教师"托儿所"的传统观念，推动幼儿教师群体实现"生活化课程观念"的全覆盖，让学前教师的课程内容选择、课程开展设计、课程实施乃至于课程评价都贯穿"生活化课程＋传统文化教育"的指示和导向。详细来说，这需要广大幼儿教师以幼儿为核心，切实理解国家《3—6岁儿童学习与发展指南》《国务院关于当前发展学前教育的若干意见》等方向性指示，切实关注学生，注重评价的多元化。

（2）明确方向，完善体系

幼儿教师在充分理解相关概念和方向的基础上，能够为大班幼儿融合优秀传统文化的生活化课程制定符合学生实际的教学计划和教育目标，让教学工作"有序开展，有途可向"。幼儿教师首先要明确"生活即教育"，大班幼儿生活化课程的构建和实施必须建立在"生活"之中。同时，中华优秀传统文化亦起源于生活之中。其次，要结合健全学生人格、培育品格、培育民族精神、全面发展能力等教学目标设计教学主题，让课程设计贴合目标、符合方向。最后，各地区幼儿园应当上下一心规划符合地区、贴合师生群体特性的生活化课程体系，例如，教育资源主题如何确定、课程设计应包含哪些内容、课程"生活化"应当从哪几个方面着手等问题。

3.丰富融合形式，充实课程资源

（1）拓展资源，搭建平台

中华优秀传统文化内涵极其丰富，幼儿教师应当在不断深入拓展自身文化素养的基础上，结合地区特色、时令节日、国家方向指示等开发资源、设计课程。

与大班幼儿息息相关的"衣食住行"方面的优秀传统文化是开展生活化课程的首要内容，对于吸引学生注意力、引发学生思考具有天然优势。中国传统文化中的文学部分不仅群星璀璨，更是大班幼儿今后升学、成长中不可或缺的知识构成，传统古诗词、经典的成语及优秀的寓言故事、神话故事等都可以成为幼儿文学教育的重要内容。在国家的大力推广下，贴近大班幼儿实际生活的传统节日和传统节气都已经开发出生活化课程。此外，地方特色的民俗文化和地方传承性文化也应成为新一代

"花朵"的学习内容。可见，在中华优秀传统文化领域，开展大班幼儿生活化课程建设"大有可为"。

在深入理解中华传统文化的基础上，幼儿教师可以设计各式各样的日常教学活动渗透传统文化，有条件的学校和教师还可以联合本地区教育机关搭建"传统文化资源平台"，资源互通，信息共享。

（2）多方主体，营造氛围

开展大班幼儿生活化课程时如何尽可能地"多样化"成为幼儿教师设计幼儿生活化课程的重点问题。中华优秀传统文化内容丰富，但要恰如其分地融合到年纪轻、理解能力弱的大班幼儿教育身上，需要学前教育人员联合多方主体，利用多种方式，选择适合幼儿年龄段的形式来呈现。

①幼儿课程各个阶段的形式探讨

在幼儿园教学阶段，幼儿教师要在创设传统文化生活氛围的基础上，利用更多材料，举办更多活动，组织开展更多游戏，构建课程教学过程中的中华传统文化"包围圈"。

环境的渲染效果是大班幼儿认知中华优秀传统文化和感受民族精神的重要隐性要素，良好的环境情景对于学生了解传统文化、感悟传统文化之美具有重要意义。以中华传统文化中具有代表性的"瓷文化"为例。大班阶段的幼儿对于"瓷"的了解较少，且教师难以通过言语和图片使幼儿充分明晰各种瓷器的区别和地位。教师可以结合瓷器的色彩差异，通过设置不同色调的班级环境来进行传统文化课程教学。如将某一面墙设置为"青花瓷"专场，在墙上装饰幼儿亲手绘制的青花瓷图案和纹样、青花瓷图片、青花瓷纹样的折扇、风筝等；另一面墙设置为"珐琅瓷"专场，在墙上粘贴色彩明艳的珐琅瓷风格布块、图画等，有条件的幼儿园还可以摆放一些瓷器，使用相应风格的碗筷、文具，让大班幼儿在"瓷文化"的环境中体会中国美，感悟中国精神。

利用中国传统游戏丰富大班幼儿日常活动也是开发传统文化课程的有效手段。对于大班阶段的幼儿而言，在轻松愉悦、健康合理的游戏中开展教学是重要的学习途径。教师在课程设计中将适合大班幼儿的民间游戏融入日常的户外活动之中，可以帮助学生理解文化的多样性和丰富性，创设出"古今相连，文化一体"的环境氛围。例如，在进行户外体育活动时，教师可以将"扔沙包""踢毽子""抖空竹""抽陀螺""滚铁环""丢手绢""抬轿子""撞拐"等传统活动和游戏融合到现代体育活动之中，让学生在体育锻炼中接受优秀传统文化的熏陶。同时，各地区幼儿园教师还可积极探索本地区特色民俗游戏，与地区性文化旅游和文化传承机构合力携手，为传承地区民俗文化构建"幼儿熏陶，青年学习，成人传承"的传承机制，如射箭、赛马、武术、摔跤、赛龙舟、舞龙舞狮、太极、击鼓等，让幼儿逐渐形成文化自信。

尽可能多地为大班幼儿提供实体物品和材料是幼儿感知优秀传统文化和激发学习热情的重要方式。如前文所述，在幼儿园大班阶段，幼儿身心发展过程中"依靠具体外形作为感知主要途径"的特性，要求幼儿教师在课程教育中不可"理论主导"。同时，充分的实物接触也利于幼儿自主思考，为幼儿探索力和问题解决能力的提升创设环境。例如，学前教育教师可以结合本地独特的民俗文化为学生提供材料，如北京地区的幼儿教师可以提供兔爷儿模型、京剧经典剧照、京剧脸谱图绘等，四川地区的幼儿教师可以让学生适当接触川剧变脸脸谱、蜀地绣品等，让幼儿可以在实物的接触中充分感受本地传统民俗的独特魅力。

②幼儿教育各方主体的合力推进

幼儿教育不是"一蹴而就"的，也不能"单打独斗"，它是一个集合多方主体力量的集成性有机系统。学校教育是学生教育的"正面战场"和"主阵地"，但在幼儿园的园区之外，还有广袤无垠的天地等待着幼儿去探索、去发现。

学校和家庭的密切联系和共同培育是大班幼儿的重要教育模式，对于在生活化课程中开展中华优秀传统文化渗透工作也具有关键意义。"家校共育"的模式在现代幼儿教育理念中具有重要地位，开展方式也丰富多样，通过幼儿园家长会、家庭教育研究讨论会、家长开放日、亲子活动等丰富的形式可以让家长了解大班幼儿的在校学习情况和学习内容，有利于在大班教学中开展优秀传统文化教育。以"传统美食"的主题课程为例，在"糖葫芦"制作内容部分，幼儿教师通过亲子活动的形式，让幼儿和家人一起亲手设计、选择、收集糖葫芦的制作食材和其他材料，幼儿在家长帮助下清理草莓、山楂果、小苹果等食材，并且体验如何取出果核，最后教师指导幼儿和家长一同开展糖水"实验"，让幼儿在实践操作中理解所学习的内容，积累生活经验。同时，在端午节、中秋节等传统节日期间，幼儿教师还可以鼓励大班幼儿在节日假期里和家人一起制作粽子、月饼等传统美食，在回校之后组织幼儿互相交流，提升学生的文化自信和爱国热情。

在家庭之外，社会同样热切关注着幼儿的成长和发展，作为社会基本单位的社区，在幼儿生活化课程的教学过程中也扮演着重要角色。结合社区资源的中华优秀传统文化生活化课程建设通常以"游园"和"社区集体活动"为主要形式。前者通常以家庭为单位，有家人带领大班幼儿在社区范围内进行传统文化的挖掘和探索，让幼儿在自然探索中感悟人文情怀，理解现代社会中国家和相关机构对于中华传统文化的重视，这需要家长和学校提前统筹，做好线路规划和安全考察。后者范围更加广阔，需要居委会以及社区内的相关组织和机构发挥作用，上下联通，在幼儿园教师的指导下组织社区内部的传统文化交流活动，让幼儿在生活中感悟传统文化的乐趣。

"文化传精神，游戏展个性"。在多样化的方式下开展"生活化、实践性"幼儿课程，为幼儿提供健康愉悦、科学合理的生活和游戏环境，有益于健全幼儿人格、养成良好的意志和品格。在世界各地联系愈发紧密的现状下，从幼儿阶段抓起，加强传统优秀文化课程设置和中华优秀文化资源拓展性教育，能够在为幼儿成长保驾护航的同时让人文资源宝库充分发挥社会效用，推动幼儿成长为兼具"个性与社会性"的时代新人才[①]。

（二）畲族文化

当前幼儿教育背景下，幼儿园的主题墙饰环境不再仅突出和强调其美化作用，而将如何调动幼儿的积极参与性、充分发挥幼儿的主动性作为主要目标，以幼儿为主导，站在幼儿角度进行创设，让幼儿参与整个创设过程才是合理有效的教育环境。《幼儿教育指导纲要》中也指出，幼

---

①雷金英.谈如何基于传统文化教育资源构建大班幼儿生活化课程[J].中华活页文选（传统文化教学与研究），2023（7）：175-177.

儿园要充分利用社会资源，引导幼儿感受民族文化的丰富和优秀，激发幼儿爱家乡、爱祖国的情感。处于民族地区的幼儿园，如何将丰富的本土民族文化生动有趣地展示给当地的幼儿是值得我们深入思考的内容。

1.将畲族文化融入幼儿园环境创设的价值

（1）基于幼儿角度

在认知方面，闽东地区是畲族人民的聚集地之一，将畲族文化融入幼儿园的环境创设中，如本民族的传统生活习俗、畲族本土的服装服饰，以及各式各样的手工艺品，都能为幼儿带来不一样的认知体验。幼儿了解了本土的劳动生活习惯，可以为日后提供一定的生活经验，也为幼儿的认知发展奠定了一定的基础。

在情感上，利用畲族本土元素进行环创，能够唤醒幼儿热爱家乡、热爱民族的自豪感。陈鹤琴先生曾经说过："怎样的环境，就得到怎样的刺激，得到怎样的印象。"教育是文化传承和民族情感培养的一种重要途径，幼儿教育更是如此。处在民族地区的幼儿园，将本土文化融入环境创设中，幼儿每天接触的是充满民族文化又富有趣味的学习生活环境、五彩缤纷的民族服饰、丰富多彩的手工艺品等，还有生动形象的民族风情图片，一切创设都充满着浓厚的民族气息。成长在这种环境下的幼儿，学习本族文化的欲望无形中就被激发出来，也加深了对本民族的认同感和自豪感。

（2）基于园所角度

将本土特色文化资源运用到幼儿园环境创设中去，有利于丰富幼儿园环境创设的内容和形式，打造具有民族办学特色的幼儿园。本土民族文化为当地幼儿园环境提供丰富的创作素材，教师们对这些本土资源进行挖掘、分类和加工重组，这种做法为幼儿更好地接受本土文化提供了便利条件。每个民族的文化都有自己特色的内容和形式，充分挖掘本土文化资源，并学会合理有效利用，不仅能有效地解决当下幼儿园同质化的现象，还能展现自己园所特有的亮点，实现可持续发展。

2.将畲族文化融入幼儿园环境创设的策略

畲族人民创造了自己独特的民族文化，畲民的民俗习惯、日常服饰、民间手工艺品等都具有鲜明的民族特点。在闽东地区出现了几所具有民族特色的幼儿园，但目前，有效传递民族文化的幼儿园环境创设还没有出现。

《3—6岁儿童学习与发展指南》中指出："幼儿园要运用幼儿喜闻乐见又能够理解的方式激发幼儿爱家乡的情感。"将深厚又富有特色的畲族文化引入幼儿教育，实现儿童自身发展与文化传承双赢，利用好幼儿园环境创设这一主题便是一个很好的切入点。在民族地区的幼儿园，将本土的民族文化进行合理的转化，然后渗透到幼儿园的各环境区域中，将原本深奥的又不被幼儿所理解的文化内容变为生动有趣、被幼儿所喜爱的内容是值得深入研究的。有效又合理地创设具有民族文化特色，幼儿能积极参与园所的环境创设，笔者总结了以下几点：

（1）选择具有本民族特色的环境主题

闽东畲族地区民俗文化丰富多彩，我们应该根据幼儿的年龄特点和兴趣点进行一定的筛选。了解本土文化，注重人文资源，从教师自身入手，提高对本土文化的了解，充分发挥区域传统文化优势，合理分析畲族地区民间风俗特点，收集有价值的畲乡主题，从而确定环境创设的方向。畲族的饮食文化，服饰文化、工艺品文化及畲族民间歌舞等都是非常难得的民间文化资源，为畲族地区幼儿园环境创设提供了宝贵素材。例如：畲族人民爱唱畲歌，无论是节日还是各种喜庆场合，或是家中来了远方的客人，他们都会用唱山歌或对唱山歌来倾诉情感。所以畲歌就是他们传承文化的一种方式。孩子们学唱畲歌也就无形中接收并接受了他们本民族的文化，我们在对幼儿园进行创设的时候就可以利用畲歌里的内容，将之用一定的材料以直观的形式展示出来，让孩子们更好地理解畲歌中的深层文化内涵。不同区域的环境在创设的时候注入不同的民族文化主题，富有乡土气息和趣味性，最大限度地鼓励幼儿主动去探索、去认知、去体验，从而萌发对畲族文化的认同。

（2）民族文化的有效呈现

将民族文化主题环创做到合理有效，除了注重民族味、乡土味，还应注重元素呈现的真实性、体验性。大致从以下两个方面入手：资源的呈现和材料的投放。好的环境创设并不仅是美观，富有装饰性，还应有助于幼儿的身心发展，记录幼儿的学习轨迹，让孩子自主探索，参与布置，真正让他们从环境创设中获得有用的知识。

①资料的呈现。宁德市金涵乡的"中华畲族宫"主题，教师在引导幼儿了解畲族文化的时候，可以在家长的配合下进行一定的社会实践，鼓励孩子将所见所闻所获都描绘到纸板上，回到幼儿园，在教师的帮助配合下组织孩子们将自己绘好的纸板有秩序地拼到"中华畲族宫"主题区域。这样，孩子们既可以将所见的畲族文化通过绘画的形式加以巩固，又可以自己动手和老师们共同完成这一主题环创，趣味性、互动性便得到了很好的体现。

②材料的投放。在对幼儿园环境进行布置的时候，合理有效的材料投放能增加主题的呈现，加深幼儿对民族文化的认识与记忆。一般进行环境创设的时候，通常教师会鼓励幼儿回家让家长收集相关的材料，然后带回园所进行布置。这样的形式不免有些过于单一、生冷，孩子们体会不到自己动手的乐趣，对主题文化的记忆也没有那么深刻。例如：宁德霞浦市，素有"中国海带之乡""中国紫菜之乡"等称号，在这里也聚集了大量的畲族人民，这里的人民靠海洋劳作为生的颇多。对于这一地区的幼儿园，教师就可以设置"畲族海洋资源"主题进行创设。对于这个主题，教师除了可以邀请家长搜集畲家海洋资源资料外，还可以将这些海洋资源，如紫菜、海带、鲍鱼等海产品带到园里，供班级孩子观看学习。教师也可以将这些海产品一边跟孩子介绍，一边布置到区域主题环境中。孩子们可以直观到感受地畲族人民的日常海洋劳作成果。除此之外，教师还可以引导孩子们一起动手学习制作海洋产品紫菜等，让这些孩子采集紫菜、剪紫菜、洗紫菜、切紫菜、晒紫菜，然后设计包装袋进行包装。通过这一系列的制作过程，不仅培养了孩子的动手能力，更加深了对畲家人民进行海洋劳作的过程有了深入的了解，让孩子们真正与环境互动，轻松地学习到本民族文化。

（3）适当开展开放性的民俗活动，提高幼儿审美能力

在闽东地区，每年的"三月三"都会举办一系列丰富多彩的畲族文化活动。在活动中，会展示许多畲族小吃，畲乡人民也会现场制作畲家乌米饭、糍粑等，还有畲族表演、畲歌畲舞展示、畲族服饰展示等，这些活动的举办都是幼儿学习本民族文化活的教材，所以可以鼓励家长带

领孩子参加体验这些活动。回到幼儿园中，教师加以启发，引导孩子们将所见所闻通过自己的能力展示出来，这无疑在无形中既提高了孩子们的动手能力，又培养了孩子们一定的审美能力。

3. 创设互动的环境，让幼儿在互动中学习，在玩中感受民族文化的魅力

互动性的环境创设是教师根据幼儿的身心特征及思维发展水平，选择幼儿感兴趣的方式，让幼儿自主参与选题布置并从中获得学习发展的过程。幼儿的学习是全面的，在对幼儿园环境进行创设的过程中，促进幼儿身心发展是主要目的，民族地区的幼儿，加深对自身本土文化的认识认同感也是重中之重。幼儿是环境的主人，按照幼儿的意愿，充分利用本土民族文化元素，合理地布置周围环境，除了体验到自己劳动的成就感，还加深了对主题文化的认识，交际能力也得到了一定的提升。教师负责引导指点，幼儿主动参与，这样的环境创设才更加有意义。让幼儿在参与创设进行互动的过程中获得全面的发展，感受文化的魅力[1]。

第三节　本土民俗文化

一、霞浦本土民俗文化资源在儿童教育课程中的价值

霞浦，一个充满浓郁民俗风情的地方，其本土民俗文化资源丰富多彩，具有深厚的历史底蕴和独特的文化魅力。这些资源在儿童教育课程中具有重要的价值，不仅有助于传承和弘扬本土文化，还能促进儿童的全面发展。

首先，霞浦本土民俗文化资源能够为儿童教育课程提供丰富的教学内容。这些资源包括传统的手工艺、民间音乐、舞蹈、戏曲、节日庆典等，都是儿童能够亲身参与、亲身体验的实践活动。通过这些活动，儿童可以深入了解本土文化的内涵和特色，感受传统文化的魅力，从而培

---

[1] 潘玉聪. 浅谈畲族文化在幼儿园环境创设中的互动性体现[J]. 海外文摘，2021（20）：93-94.

养他们的文化自信心和民族自豪感。

其次，霞浦本土民俗文化资源有助于培养儿童的综合素质。在参与民俗文化活动的过程中，儿童需要动手实践、合作交流、观察思考，这些过程能够锻炼他们的动手能力、团队协作能力和创新思维能力。同时，民俗文化活动还蕴含着丰富的道德教育和人文关怀，有助于培养儿童的品德修养和社会责任感。

最后，霞浦本土民俗文化资源还能够为儿童教育课程提供独特的教育视角。传统民俗文化往往蕴含着深刻的人生哲理和丰富的社会知识，通过将这些内容融入课程中，可以引导儿童从多个角度思考问题，拓宽他们的视野和思维。同时，这种以本土文化为基础的教育方式也有助于培养儿童的文化自觉和文化创新能力。

为了充分发挥霞浦本土民俗文化资源在儿童教育课程中的价值，我们需要做好以下工作：一是深入挖掘和整理本土民俗文化资源，筛选出适合儿童年龄段和特点的内容；二是将民俗文化资源与现代教育理念相结合，创新教学方法和手段；三是加强师资培训，提高教师对本土文化的认识和运用能力；四是加强与家长和社会的沟通合作，形成共同推动本土文化传承和发展的合力。

综上所述，霞浦本土民俗文化资源在儿童教育课程中具有重要的价值。通过深入挖掘和利用这些资源，我们可以为儿童提供更加丰富多彩、富有内涵的教育内容，促进他们的全面发展，同时也为传承和弘扬本土文化作出积极贡献。

二、霞浦本土民俗文化资源在儿童教育课程中的应用

（一）民间艺术

《指南》倡导："和幼儿一起收集有关家乡、祖国各地的风景名胜、著名的建筑、独特物产的图片等，在观看和欣赏的过程中，激发幼儿的自豪感和热爱之情。""带幼儿观看或共同参与传统民间艺术和地方民俗文化活动。"因此，在幼儿园的实践研究中，我们致力于构建富有地域特色的霞浦山海文化园本课程，旨在将优秀的民俗文化有机融入日常教学活动之中。此举不仅有助于激发幼儿的民族情感，更是对中华民族文化

的有效传承与弘扬。其中，我们特别推出的民间艺术课程，凭借其独特的艺术表现力和感染力，深受幼儿的喜爱与追捧。

1.促进幼儿身心发展，传承民间艺术

民间艺术因其生活性、审美性、实践性和综合性的特质，展现了其独特的教育价值，对幼儿全面和谐发展具有不可忽视的重要意义。通过深入开展民间艺术活动，不仅能够有效促进幼儿的身心发展，还能够实现民间艺术的传承与发展。

首先，民间艺术在美育方面发挥着关键作用。作为一种源于生活而高于生活的艺术形式，民间艺术蕴含着丰富的美学价值。其创作过程本身就是美的创造过程，而欣赏过程则是一种美的感受和体验过程。通过精心设计的本土民间艺术课程，幼儿能够深刻体验到生活中蕴含的美，从而激发他们的审美情感，培养他们的审美情怀。

其次，民间艺术在能力培养方面也具有重要意义。民间艺术的欣赏和感受往往需要幼儿通过亲身实践来实现。在参与、操作和创新的过程中，幼儿能够深入感受民间艺术的魅力，并在此基础上进行创造。这种轻松自由的活动氛围有助于幼儿自主感受、自由创作，进而培养他们的学习品质和能力。

最后，民间艺术还具有立德树人的教育功能。作为一种根基性教育，民间文化教育能够深入影响幼儿的精神世界，使他们从小浸润在民族、民间独有的文化情怀之中。通过本土民间艺术教育，幼儿能够更深入地了解家乡的民间文化，感受其独特的魅力，从而增强对民族文化的认同感和自豪感。这种层层传导式的情感提升有助于幼儿形成正确的世界观、人生观和价值观。

2.提升教师专业素养，创新民俗教育

在幼儿园开展民间艺术教育活动，实质上是对民间艺术的一种创新性传承。对于幼儿而言，民间艺术是一项集动手、动身和动脑于一体的艺术形式。在民俗教育实践中，教师应全面而系统地掌握所教授的民俗艺术内容，结合幼儿的年龄特征和实际需求，进行深入挖掘和细致梳理，确保教育内容能够贴近幼儿的理解能力和接受水平。

同时，教师应注重创设一个丰富多彩、直观可感、操作便捷的教育环境，以吸引幼儿积极参与，并让他们能够亲身体验和操作。在教育教学过程中，应将民间艺术教育有机地融入幼儿园的日常教育课程之中，通过综合性的教学方法，使教育活动更加贴近幼儿的生活实际，并充满趣味性。

此外，教师在教育过程中应从传统的"教师本位"的"传"与"授"模式，转变为以"儿童本位"为核心的"启"与"引"方式。教师不仅要展示本土民间艺术的成品，更应注重思考如何为幼儿提供可操作、可创造的教育环境和材料，以激发幼儿的自主学习和创新精神。

在这一过程中，教师将更深入地领略到民间艺术的独特魅力，不仅能够提升自身的民俗文化素养，更能够增强教育智慧和实践能力，从而为传承和弘扬中华传统艺术文化贡献自己的力量。

3.整合民俗艺术资源，拓展教育路径

民间艺术文化融入幼儿园课程的实践，是一项涉及多方面因素的复杂任务。为了有效推进这一过程，必须充分挖掘和利用家庭与社区等社会资源，以此拓展教育途径，丰富教育内涵，从而有力推动幼儿园本土民间艺术活动的深入开展。

（1）整合家长资源，形成教育合力

家庭作为幼儿园教育的重要合作方，在本土民间艺术教育领域扮演着不可或缺的角色。我们诚挚邀请家长们积极参与这一教育过程，共同分享各自的经验与见解。通过实施"家庭分享"的策略，我们旨在将民间艺术的魅力延伸到每个家庭之中，使孩子们在温暖的氛围中，也能深刻感受到本土民间艺术的独特韵味。

同时，我们还推行"家长助教"制度，鼓励具备相关经验的家长走进幼儿园，成为幼儿们的艺术导师。这一举措不仅有效激发了家长们的教育参与热情，也进一步扩大了本土民间艺术在社会中的影响范围，有力弘扬了民俗文化。

在家园共育的框架下，我们致力于深化幼儿对本土民间艺术的感受与体验，让他们在亲身体验中领略到传统文化的深厚底蕴，从而培养起对本土文化的热爱与自豪感。

（2）整合社区资源，开阔教育空间

为有效促进幼儿全面发展，我们应积极引导幼儿深入大自然，参与社区的传统民间艺术和地方民俗文化活动，并参观剧院、博物馆等场所，使幼儿身临其境，接受艺术的深度熏陶与陶冶。社区资源作为幼儿园教育的重要补充，能够有效弥补园内教育的局限性。通过组织亲子活动、社区互动等形式，我们带领幼儿领略地方特色风情，欣赏民间艺人的精湛技艺，并深刻感受民俗节日的浓厚文化氛围。这样的活动旨在让幼儿在实际生活中亲身体验并感悟本土民俗文化的独特魅力和深厚内涵，从而实现民间文化的教育功能、传承价值和延续使命。

4. 完善园本课程架构，构建多元文化

缺乏民族文化的幼儿园课程，将无法有效充实幼儿的精神世界；忽视幼儿发展需求与可能涉及的民族文化因素，将导致幼儿难以真切体悟并将其内化为自身精神。鉴于此，教师应充分运用幼儿园课程理念，对民间艺术进行重构，并致力于其深入研发与创新，从而构建出完整且开放的教学体系。同时，幼儿园应审慎筛选适宜的教学内容，并采取恰当的教学方式，打造出与幼儿身心发展相契合的民间艺术课程。此课程应融入幼儿日常生活，与幼儿园五大领域课程、主题活动及幼儿游戏活动紧密相连，确保传统文化元素能够自然渗透到幼儿园课程中，进而丰富与拓展幼儿园园本教育课程的内涵与形式。

在实践研究中，我们注意到幼儿本土民间艺术活动的开展往往停留于表面形式，过分追求特色，难以真正触动幼儿的内心世界。艺术是从容不迫的，是生活与时间的累积与沉淀，唯有让幼儿深入浸润于这些卓越的民间艺术文化之中，方能激发他们的热情，使他们充满热忱地喜爱、创造并传承民族文化。

因此，教师应保持一颗热诚而细腻的心，与幼儿一同慢慢品味、实际操作，体验中华民族文化的博大精深与源远流长。幼儿园本土民间艺术教育课程的开发与利用，并非仅仅局限于传统美术教材的编制，而是需要教育工作者不断反思与实践，探索如何调整课程内容以适应幼儿的

实际水平与需求，进而切实有效地促进幼儿的全面和谐发展①。

（二）基于地方民俗文化开展传统节日活动

受外来文化传入以及生活环境变化的影响，人们的生活方式、价值观念也发生了改变。地方文化生存的空间变得越来越狭小，一些优秀传统民俗文化失去了生存的土壤。近年来随着课程改革的不断深化，传统节日也越来越受到人们的重视，而不同地域的本土民俗文化也引发了大家的关注。为挖掘地方民俗文化，实现其与传统节日的有机融合，让优秀传统文化在幼儿心中生根发芽，我园开展了基于地方民俗文化的传统节日活动。

1.幼儿园基于地方民俗文化开展传统节日活动的意义

《幼儿园教育指导纲要（试行）》指出，要充分利用社会资源，引导幼儿切实感受祖国文化的丰富与优秀，感受家乡的变化和发展，激发幼儿爱家乡、爱祖国的情感。虞永平教授在《走进民间艺术世界——幼儿民间艺术教育活动设计》一书的序言中指出，民族文化是幼儿园课程的重要内容，幼儿园课程具有传递文化的功能。在发挥幼儿园课程文化传承方面的作用时，既要适应幼儿的兴趣，满足幼儿发展的需要，又要满足社会传递民族文化、民族精神的需要，在课程中反映民族文化、民族精神。地方民俗文化是民族文化的一部分，在幼儿园课程中融入地方民俗文化，可以激发幼儿对家乡文化的热爱之情，增强其对家乡文化的认同感，培养其爱国爱乡之情，使其主动传承并发扬本地民俗文化。

霞浦有着独具特色的自然风光和人文景观，更拥有百年来绵延流长的民俗风情，如畲族文化、廊桥文化、古戏曲文化、武术文化、茶文化、酿酒文化、红土地文化、饮食文化……每到传统节日，霞浦浓郁的节日氛围、丰富的民俗民艺都让人回味无穷。以霞浦的传统节日民俗文化为基点，挖掘本土化课程资源，能拓宽教师对外显和潜在资源的开发和利用途径。

将地方民俗文化融入传统节日活动中，能让幼儿从小接触家乡的文化，了解家乡与众不同的地方，不仅能使幼儿感受到家乡人民用聪明才

①李敏.幼儿园本土民间艺术教育实践探究——以大班艺术活动"家乡的糖塔"为例[J].福建基础教育研究，2019（9）：133-135.

智创造出的灿烂文化，增强他们对地方民俗文化的认同，还能增强他们的爱国爱乡情怀，增强其民族自信心。

2. 幼儿园基于地方民俗文化开展传统节日活动的实践策略

（1）创设环境，营造氛围

环境是重要的教育资源，通过创设和利用环境，能有效地促进幼儿的发展。环境创设已成为幼儿园教育的重要组成部分。教师要准确把握每个传统节日的特征与文化内涵，通过理解传统节日，创设不同的文化环境，让幼儿感受节日的氛围。例如，春节时教师可以和幼儿一起收集、整理资料，做好相关调查（春节的习俗、春节的故事、春节的美食等），在各班教室张贴对联、窗花等，并将与春节相关的图画、照片等布置在墙面上，营造浓浓的节日氛围，让幼儿在与环境的互动中加深对节日习俗的认知。元宵节时教师可以开展猜灯谜活动，将灯谜悬挂在活动室周围让幼儿猜谜，在美工区制作灯笼、鞭炮等，让幼儿感受元宵节喜气洋洋的氛围；九九重阳节又称老人节，有登高、赏秋、敬老的传统。在重阳节来临之际，教师可以开展以"晒秋"为主题的活动，展示幼儿和家长共同收集的瓜果，如南瓜、板栗、松果、柿子、毛豆、玉米等，还可以展示幼儿与家长共同创作的稻草作品，如稻草人、草鞋、草帽等，营造秋收的氛围。端午节时教师可在班级门口挂上菖蒲和艾叶，在幼儿活动室展示幼儿在区域活动中制作的香囊、长命缕、蛋兜等。环境创设不是一次性完成的，必须经过一个设计、实施、再设计、再实施的动态的、螺旋式发展的过程，环境应具有多元的艺术表现形式，要符合幼儿审美情趣，同时美观、大方、简洁。创设环境的过程中应注重引导参与者进行互动，幼儿与环境材料的互动应展现活动空间的丰富性，让每个角落都能与幼儿"对话"，教师应尊重幼儿身心特点、认知发展水平，根据幼儿的年龄特点和需求创设环境。教师应充分挖掘本土资源，凸显本地区、本民族特色，将教育理念体现在幼儿一日生活的各个环节中，尊重优秀传统文化本身的特点，做到兼收并蓄、创新发展，让优秀传统文化历久弥新，更加具有生机与活力。

（2）集体教学，初步感知

传统节日是中华民族智慧的结晶，其中蕴含着许多典故和传说。除了渲染环境氛围，教师还可通过开展集体教学让幼儿了解传统节日的典故，使幼儿感知传统节日文化所蕴含的文化底蕴。

例如，春节时教师可以向幼儿讲述年的传说、除夕守岁的故事等；元宵节时教师可以为幼儿介绍元宵节的由来、元宵的故事；清明节时，教师可向幼儿介绍清明节的由来，让幼儿知道清明节这天是祭祖和扫墓的日子。一等功臣陈祥榕是祖国的戍边英雄，更是家乡的英雄，教师可结合英雄陈祥榕的故事，通过开展集体教学活动让幼儿了解陈祥榕的英雄事迹，并组织幼儿到人民公园英雄纪念碑给英雄扫墓，激发幼儿爱祖国爱家乡的情感；端午节时，教师可为幼儿讲述屈原的故事，使幼儿了解端午节的由来。

（3）区域游戏，沉浸体验

幼儿园的区域游戏是指教师根据幼儿的需求有目的、有计划地提供材料、创设场景让幼儿在轻松愉快的氛围中自主选择、自主游戏、自主学习。要想让幼儿更深入地了解传统节日文化，教师应合理创设并利用游戏区域，充分发挥区域游戏的教育功能，让幼儿主动参与进来，在游戏活动过程中感受节日文化的内涵。如：清明节时，教师可以结合家乡的民俗文化，让幼儿在操作区开展采茶、制茶、品茶等清明茶活动，同时结合春天的时令特征，开展剥笋、摘苦菜活动；教师可以结合清明的饮食文化和家乡的特色美食秋菊粿在小厨房开展做青团、煎秋菊粿、做水果沙拉等活动，让学生与同伴共同品尝美食；教师可以在美工区开展绘彩蛋活动，因为清明节吃彩蛋象征着圆圆满满；"古人过清明，插柳放风筝"，教师还可以在美工区开展插柳和绘制风筝的活动；教师还可以在清明节这天带领幼儿追思祭祖缅怀先人先烈，在美工区开展菊花活动，让幼儿将插好的菊花带到人民公园英雄纪念碑献给陈祥榕哥哥。幼儿在这一系列活动中能真真切切地了解清明节的丰富内涵，同时也能在幼小心灵中播下爱国爱家的种子，充分感受到春天的美好。端午节时，教师可以在美工区让幼儿运用画、剪、折、粘等手工技能来制作"粽子""龙舟""蛋兜""彩蛋""龙扇"等，教师还可以在阅读区投放与端午节有关的绘本如《奶奶的丝线爷爷的船》《小艾的端午节》《神鱼驮屈原》等供幼儿自主阅读，使其在阅读的过程中加深对端午习俗的了解。

（4）主题活动，深度学习

主题活动作为幼儿喜欢的一种学习方式有着较为宽松的活动范围以及灵活多样的活动形式，它能弥补单一的集体教学活动和区域游戏的局限，更能拓展幼儿学习的深度和广度。我园传统节日主题活动旨在引导幼儿探索传统节日的丰富内涵。我园教师根据不同年龄段幼儿身心发展的规律和特点，制定了不同的教育目标与教育内容，充分体现了教育的递进性、层次性。例如，小班开展了"喜迎春节"主题活动，旨在激发幼儿对传统节日文化的兴趣，使其了解家乡春节"贴春联""拜年""做米粿""除尘守岁"等传统风俗；中班开展了"清明节"主题活动，让幼儿了解清明节的民风民俗，并能参与多种节日活动；大班开展了"端午节"主题活动，加深了幼儿对传统节日民间故事的了解，使其能运用多种形式对节日活动进行大胆的表现与创作，激发幼儿对中国传统节日的喜爱之情。冬至又称"冬节""贺冬"，自古以来就有"冬至大如年"的说法，霞浦当地的习俗是在冬至前后要开始酿酒准备过年，冬至时用泉水酿出来的酒又香又醇，可以保存很久。我园大一班幼儿也开展了"米酒香"主题系列活动。从"酿酒调查"到准备材料再到最后动手实践，幼儿都积极参与，他们在一步步的操作和探索中深度学习，探究并体验酒文化。

（5）家园携手，互通共融

家庭是幼儿园重要的合作伙伴。当幼儿园教育和家庭教育步调一致，形成良好的教育合力时，能更有效地引导幼儿朝着良好的方向发展。家园合力对促进幼儿的全面发展有着重要意义。因此，在对幼儿进行传统节日文化教育的同时，教师应积极争取家长的理解、支持，让家长主动参与，与家长一起努力，提高对幼儿的教育效果。

为了赢得家长的支持，我园通过家长会、家教宣传等形式宣传家园合作对幼儿进行传统节日教育的重要性。各班教师还根据幼儿的实际情况，采用"家园直通车""家园联系栏""线上微信平台"等形式向家长宣传各个节日的意义，搭建家园之间的交流平台。我园在开展各个传统节日活动时，得到了家长们的大力支持。如在开展清明节活动时，教师让家长利用周末的时间带幼儿去折柳、剥笋、摘苦菜、采茶等，并让幼儿将这些材料带到幼儿园来开展区域活动，也让幼儿感受和了解这个时节家乡的特有物产；在开展端午节活动时，教师通过调查邀请会传统手工艺的奶奶进园教幼儿编织长命缕、绣五毒，让幼儿在学习与传承中感受传统手艺的魅力；重阳节时，教师邀请爷爷奶奶进校园开展"了不起的爷爷奶奶"主题活动，在活动中幼儿不仅了解了重阳节的来历，也在活动中感受到了爷爷奶奶的了不起，学会了爱老敬老。

只要教师善于发现，注意挖掘家乡民俗文化中与传统节日相关的素材，并采取有效的教学手段将这些素材融入幼儿园的活动中，让幼儿在活动中感知和体验传统节日文化，就能使幼儿在潜移默化中感受到祖国文化和家乡文化的美好，激发幼儿爱国爱乡情怀。教师用中华优秀传统文化对幼儿熏陶和滋养，让幼儿对中华优秀传统文化和家乡民俗文化产生由衷的认同感。教师应为培养爱祖国、爱民族、崇尚中华传统美德和中华优秀传统文化的一代新人而努力[①]。

（三）戏曲

戏曲是中华民族的传统艺术，是华夏文明沃土上生长的一朵艺术奇葩，是世界艺术瑰宝中蕴藏的一颗璀璨明珠。它由文学、音乐、武术、舞蹈、表演等多种形式有机地综合在一起，用精湛的技艺、逶迤的唱腔、美妙的音乐尽情地呈现故事情节和塑造人物形象，让人们享受、回味传统戏曲中独特的艺术魅力。如何为幼儿带去既不缺失文化底蕴，又具有童真童趣，还能激发幼儿学习兴趣的传统戏曲呢？笔者在参与课题"挖掘戏曲资源构建幼儿园课程的实践研究"的实践中发现，立足儿童视角，找寻幼儿感兴趣的戏曲话题融入环境创设、主题活动、表演游戏和早操运动，能让幼儿在潜移默化中和戏曲"来一场美的邂逅"。

1.创设环境，在耳濡目染中种下戏曲种子

戏曲环境是多元的、变化和动态的，要借助环境在幼儿一日活动中渗透戏曲，教师应着力打造一个幼儿喜欢且具有戏曲韵味的园舍环境，

①张芸. 幼儿园基于地方民俗文化开展传统节日活动的实践策略[J]. 教师，2023（7）：81-83.

让幼儿置身于浓浓的戏曲氛围中，方能唤起幼儿对戏曲的好奇，激活他们探究戏曲的欲望。如在"我是小戏迷"主题活动中，教师积极与幼儿一起寻找"生活中的戏曲"，邀请家长参与收集活动，打通班级与班级之间的界限，打通室内与室外的壁垒，合理规划、精心布置，使每一面墙都会说话，让每处环境都能育人。过道中名角剧照，表演角里名篇海报，美工墙上多彩脸谱，召唤音乐里名曲名段等，用通俗易懂的画面、语言和音乐向幼儿介绍传统戏曲，从欣赏、交流中了解中国戏曲的类别、中国戏曲大师梅兰芳、京剧为什么会成为国粹等。环境创设与戏曲知识有机整合，让戏曲成为幼儿的关注点，也在他们小小的心田里种下戏曲的种子。

2. 创生主题，在多样探究中走进戏曲世界

《纲要》提出：充分利用社会资源，引导幼儿积极感受祖国文化的丰富与优秀。戏曲文化是中国国粹，是中国传统文化的重要组成部分，题材广泛、内容丰富、形式多样，既有趣味性又有吸引力。戏曲中的资源包罗万象，为幼儿提供了丰富的教育素材。在研究实践中，课题组创生了"我是小戏迷""走进戏曲"等主题活动，通过"说戏曲、学戏曲、唱戏曲"等系列活动，将传统戏曲的文学之美、语言之美、艺术之美等融合在一起，让幼儿走进五彩斑斓的戏曲世界，开启戏曲文化探究之旅。

3. 创新游戏，在恣意表演中领略戏曲魅力

戏曲表演离不开演员想象力的发挥，而想象丰富则恰恰是幼儿的天性。在西关幼儿园，课题组为孩子们搭建了"小戏台"，鼓励孩子们在"小戏台"上自主合作，自由表演。以戏曲元素为基础的表演游戏，幼儿的想象力能在虚无、迷人的世界里遨游，将看不到的故事在脑海中创新加工，想象成一幅幅别样的画面，汇聚成一个个生动的情节。如"武松打虎"游戏剧本创编时几个孩子围在一起谈论"武松在店里干什么？"，乐乐不假思索地说："武松大步走到桌前，用力拍了一下桌子，大声喊道'老板给我三碗酒，一碗肉'，然后大口大口地吃着、喝着。"丁丁点点头："对，武松不仅特别能喝而且特别能打。"说完忍不住和乐乐比画起来，一人扮演武松，一人扮演老虎，一招一式有模有样。在孩子们的眼里，戏曲并没有我们大人想象中的困难，他们因为乐在其中，不受限制，所以创编情节能天马行空，恣意发挥。他们分工合作，有的指挥调控，有的场景布置，有的角色装扮，于是一场属于他们的演出游戏开始了。在铿锵锣鼓的配合下，幼儿的动作笨拙而精彩，身段拙趣而利落，通过节奏和层次把剧情体现得淋漓尽致，构成一幅非常有艺术感染力的图景。"小戏台"承载了幼儿的愿望，"小戏台"凝聚了幼儿的心血，幼儿在"戏台"这方小天地里快乐地畅游，酣畅地表现。

4.创编早操，在趣味运动中习得戏曲精华

戏曲是一种高雅的艺术，也是一种综合的艺术，巧妙融合了文学、音乐、舞蹈、武术等多种元素，其中武术和舞蹈的动作是戏曲艺术的直观体现，注重精、气、神，这与幼儿早操的要求不谋而合。如果将两者融合在一起会碰撞出怎样灿烂的火花呢？课题组对幼儿戏曲操充满了期待，创编戏曲操既要符合幼儿早操的运动逻辑，又要恰当地呈现戏曲元素。于是，课题组从丰富的戏曲程式体系中选取具有代表性的动作：弓箭步、托月、山膀、风火轮等，创编出富有科学性、游戏性、趣味性的早操。总共分为八节，依次是热身运动、上肢运动、肩部运动……孩子们在做这些动作时，有的像武林高手，摆出降龙十八掌的架势；有的像是一朵娇艳的花儿，楚楚动人；有的时而像只猴子抓耳挠腮，时而像老爷爷弯腰驼背。在音乐的引导与激发下，幼儿们个个化身为戏曲中的英雄人物，活灵活现地打着武术动作，柔中带刚，流畅优美，真正把戏曲这种国粹的精华表现得淋漓尽致，让人惊叹！

传统戏曲承载着中华智慧的结晶，从环境、主题、游戏、运动等途径吸引着幼儿走进戏曲的缤纷世界，领略戏曲的别样之美，使散发着泥土芳香的传统戏曲再次焕发出新的活力[①]。

（四）剪纸

霞浦拥有悠久的剪纸历史，它根植于人民大众之中，为人们所喜闻乐见，如民间流传着一句谚语："年暝兜，剪花阿妹家家走。"千年来形成的霞浦剪纸艺术风格和剪纸题材是我们宝贵的教育资源。霞浦民间剪纸能手层出不穷，剪纸作品在幼儿的生活中处处可见、花样繁多、不拘

---

①林玉芝.幼儿活动渗透戏莊文化的策略[J].福建教育研究，2021（4）：52-53.

一格。而现实中大多数幼儿对霞浦独特的民间剪纸艺术知之甚少，甚至一无所知。于是选择"幼儿园民俗创意剪纸活动的实践研究"作为课题来研究，以幼儿发展为本位由浅入深、循序渐进地从丰富的乡土资源中选择适合开展创意剪纸活动的题材，感受传统民间艺术的魅力，激发幼儿的创造精神。

1.再现乡土童谣,创生创意剪纸素材

乡土童谣是霞浦历史文化以及智慧的结晶，语言浅显明快，内容贴近幼儿生活，通俗易懂，简单的形式和生动的形象，深受幼儿喜爱。创意剪纸以乡土童谣为素材，幼儿感受童谣中的文字之美、声音之美和色彩之美，放飞想象，大胆表现童谣中各种自然物的形象，充分享受剪纸的乐趣。如在剪纸活动"蚂蚁送礼"中，师幼共同朗读童谣："黄蚁公，柳蚁婆。早来有，晚来没。苍蝇亲家由你驮，驮到哪？驮去送外婆。"在朗读中把幼儿带入生动的、熟知的童谣画面中：一群蚂蚁在草地上寻找食物送给外婆，有的拉，有的驮，有的推。幼儿迁移已有经验通过创意剪纸展示出脑海中的画面，一只只蚂蚁形态各异，灵动有趣，稚嫩的剪纸技术将童谣中蚂蚁的形象完整地诠释出来。又如在剪纸活动"麻雀谣"中："点点窝窝，麻雀造窝。生卵孵仔，一年一窝。呼噜噜，飞去咯，飞去后门山去咯！"通过语言活动幼儿很快地了解童谣中的画面，并生成了许多有趣的想法：鸟儿怎么飞，鸟儿的食物是什么，鸟儿的喜好是什么等。通过小组分工合作设计出的剪纸作品是一棵高大的树上住着一只麻雀和一个鸟窝，窝里有许多个鸟蛋，鸟妈妈注视着远方山上的鸟爸爸，好像在呼唤它回来。可见一个个熟知、有趣的童谣题材，一幅幅鲜活、独特的剪纸作品，二者互相贯通，将幼儿带入了一个生动有趣的剪纸情境中，让剪纸更具生命力。

2.演绎乡土故事,拓展创意剪纸主题

霞浦自建县以来已有1700多年历史，伟丽的山川、广袤的土地、辽阔的海域，孕育、积累了许多动人的民间故事。这些故事情节神奇曲折、语言生动浅显、色彩神奇亮丽，对自然物象往往作拟人化的描写，满足幼儿追求趣味、喜爱幻想等特点。用创意剪纸的方式来演绎民间故事，分析故事中的人物、动作、场景等具有乡土特色的元素，充分发挥幼儿

的想象力和表现力，让剪纸中有故事，故事中有剪纸。如在剪纸活动"年兽来了"中，这个故事家喻户晓，活动前先让幼儿收集各种年兽的图片，了解年兽的外形特征以及它的弱点，听完故事后，再让幼儿针对年兽的外形特征分组展开讨论，以年兽为主题用自己的剪刀、彩纸剪出故事中可怕的年兽，人们吃年夜饭、放鞭炮等场景，作品不再单一，幼儿的创造性思维在轻松的氛围中已经变成作品，有机渗透到剪纸之中。又如在剪纸活动"老鼠嫁女"中，通过故事，幼儿对老鼠形象有了新的定位，慈祥、温柔的老鼠爸爸，勇敢、机灵的老鼠小阿郎，美丽、可爱的老鼠美叮当与凶猛、笨重的猫形成了鲜明的对比，幼儿们用创意剪纸活灵活现地呈现出老鼠娶新娘时热闹、喜庆的场面。以民间故事为主题的剪纸活动，情节上易于激发幼儿的艺术幻想，找寻一个个活泼可爱的"影子"，还能将自己的情感和感受融入形象中，展现出一个斑斓的民间故事世界。

3. 融进乡土游戏，开发创意剪纸内容

民间体育游戏是幼儿园体育活动中一个文化"餐点"，各班充分挖掘地域资源，开展了许多质朴、诙谐、活泼的民间体育游戏，如，舞龙、跳竹竿、打陀螺、滚铁环等游戏，深受幼儿的喜爱。将乡土游戏作为剪纸内容，画面感强且易引起幼儿的共鸣，让他们更好地理解、探索，以一种轻松愉快的气氛带领幼儿进入新奇的剪纸世界。如剪纸活动"舞龙"活动中，幼儿们你一言我一语冒出许多奇特的问题："舞龙的动作有哪些？怎样舞最有趣？""有的人在舞龙，还有的人干什么呢？"等，大家有的比画，有的模仿，相互碰撞思维火花，熟悉的游戏、熟悉的画面，每个人都积极参与，充分表达自己在游戏中的感受和体验，同时借助同伴的分享经验，创造自己的人物游戏动态，不断挑战新的剪纸难度，使剪纸活动不再停留于被动的学习上。幼儿"剪"出了乐趣、"剪"出了能力、"剪"出了发展，他们脸上洋溢着愉悦的笑容，心底满满的快乐。

4. 融合乡土风俗，生成创意剪纸体裁

《3—6岁儿童学习与发展指南》提出："根据幼儿的生活经验，与幼儿共同确定艺术表达表现的主题，引导幼儿围绕主题展开想象，进行艺术表现。"霞浦县是一个古老的海滨小县城，千百年的历史孕育了许多独特的风俗习惯：小年春楼粑、吹米粉，元宵节闹花灯、铁技台阁，端午节赛龙舟，中秋节品糖塔、拖曳石等节日风俗。在幼儿耳熟能详的乡土风俗中挖掘剪纸的体裁，丰富的生活体验不仅有助于幼儿知识经验的积累，也有助于激发其艺术创造性。如在剪纸活动"春节序曲"中，先让幼儿收集人们春磁粑、吹米粉等资料，利用自主交流的时间，与同伴分享自己的发现。交流中，幼儿三五成群地讨论着自己的所见所闻，眉飞色舞地细数着圆饼状的春糕粑、柔软的炊糖粿、嚼之浓味的炊米粉等喜欢的食物，真是数不清的年味，道不尽的欢乐。分享后幼儿自由组合，兴趣盎然地尝试将作品剪出来，孩子们的想象出人意料，作品内容丰富多彩。大人们有的拿木槌春米，有的拿木盆收楼粑，有的围着灶台吹米粉，有的蹲着生火，大家十分忙碌；孩子们开心地围着灶台和石臼看着大人们辛苦地劳作，有的蹲着，有的站着，有的踮起脚尖儿，大家都想尝尝楼粑和米粉的味道。无论是大人还是小孩，线条简单、造型质朴，充满了童真稚趣，流露出浓烈的儿童画风，将自己的生活经验结合想象，用剪纸诠释得淋漓尽致，从而带给人一种天真烂漫的造型美感。剪纸是一门源于生活的艺术，乡土风俗贴近幼儿生活，有的放矢地引导幼儿观察生活，挖掘风俗中的剪纸素材，促发他们创作的激情，引发想象，使剪纸作品充满趣味和灵魂。

5.立足乡土环境,挖掘创意剪纸题材

《幼儿园教育指导纲要（试行）》指出："充分利用自然环境和社区的教育资源，扩展幼儿生活和学习的空间。"霞浦三面环山，一面沿海，海域面积近3万平方公里，海岸线长达400多公里，滩涂面积100多万亩。自然环境资源独具特色，如此丰富多彩的自然世界和变化生动的海洋世界蕴藏着美的天地，也蕴含着丰富的剪纸题材：花的绚丽、树的多姿、季节的变换；鱼的色彩、贝壳的形态、大海的丰收景象……这一切包含了图形、色彩、线条等不同的剪纸元素。如在剪纸活动"美丽的大海"中，通过视频和幼儿收集的图片引出主题，熟知的大海情景，感兴趣的玩沙水话题让幼儿插上想象的翅膀，他们用稚拙的双手剪出多变的云朵、翻卷的浪花、独特的渔船、跳跃的鱼儿、嬉戏的孩童及金色的沙滩，构成了一幅生机勃勃的海景图。除了海的主题，我们还开展了"美

丽的四季""五彩的花儿""奇怪的树"等剪纸主题系列活动。乡土自然环境资源不仅让幼儿在大自然的怀抱中受到了美的熏陶，同时激发幼儿无限的创造潜能。在创作中感受剪纸艺术的乐趣，感受剪纸艺术的魅力。

陶行知先生提出：创造的教育是以生活为教育，就是在生活中才可求到教育。霞浦这个小县城拥有丰富的乡土资源，利用乡土资源开展幼儿剪纸活动具有得天独厚的优势，我们应充分挖掘乡土资源中幼儿感兴趣且多元化的剪纸题材，激发幼儿主动参与剪纸活动，进一步推动幼儿艺术表现力的发展，让创意剪纸在幼儿心中生根发芽。"剪"出心灵手巧，"剪"活传承艺术[1]。

第四节 本土山海文化

一、霞浦本土山海文化资源在儿童教育课程中的价值

霞浦，这片被大自然赋予独特魅力的土地，拥有着丰富的山海文化资源。这些资源不仅为当地人民带来了无尽的欢乐与骄傲，更在儿童教育课程中展现出了其无可替代的价值。

首先，霞浦的山海文化资源为儿童教育课程提供了生动的素材和广阔的想象空间。霞浦的山川壮丽，海景迷人，孩子们可以通过实地考察、绘画、摄影等方式，深入感受大自然的鬼斧神工。同时，这些资源也为孩子们提供了丰富的创作灵感，他们可以在教师的引导下，创作出一幅幅充满想象力的作品，从而培养创造力和审美能力。

其次，霞浦的山海文化资源有助于培养儿童对家乡文化的认同感和自豪感。通过课程学习，孩子们可以了解到霞浦的历史文化、民俗风情等，从而加深对家乡的了解和热爱。这种对家乡文化的认同感，不仅有助于孩子们形成健全的人格和价值观，还有助于培养他们的民族自豪感和爱国情怀。

---

①林玉芝. 例谈如何挖掘乡土资源 开发幼儿创意剪纸题材[J]. 福建教育研究，2020（1）：50-51.

再次，霞浦的山海文化资源还具有教育价值，有助于培养儿童的综合素质。例如，通过登山活动，孩子们可以锻炼意志力和团队协作能力；通过海洋探索，他们可以了解海洋生物和海洋环境，培养环保意识。这些活动不仅丰富了孩子们的课余生活，还让他们在快乐中成长，提升了综合素质。

最后，霞浦的山海文化资源还具有独特的教育意义。在这个过程中，孩子们能够亲身体验到人与自然和谐共生的理念，从而培养他们的生态意识和责任感。同时，这些资源也为孩子们提供了接触和了解传统文化的机会，让他们在传承中创新，在创新中发展。

综上所述，霞浦本土的山海文化资源在儿童教育课程中具有独特的价值。它不仅能够为孩子们提供生动的素材和广阔的想象空间，还能够培养他们的家乡文化认同感、综合素质以及生态意识。因此，我们应该充分利用这些资源，将其融入儿童教育课程中，为孩子们的成长提供更加丰富、全面的教育环境。

在未来的教育实践中，我们可以进一步挖掘霞浦的山海文化资源，设计更多具有针对性的课程和活动。例如，可以组织孩子们进行户外探险活动，让他们亲身体验大自然的魅力；可以邀请当地的文化传承人走进校园，为孩子们讲述家乡的历史故事和民俗风情；还可以利用现代科技手段，如虚拟现实技术，为孩子们打造一个沉浸式的山海文化学习体验。

通过这些举措，我们相信霞浦的山海文化资源将在儿童教育课程中发挥出更加重要的作用，为孩子们的成长和未来发展奠定坚实的基础。同时，这也将有助于推动霞浦本土文化的传承和发展，让更多的人了解和欣赏这片美丽的土地。

二、霞浦本土山海文化资源在儿童教育课程中的应用

(一)山海体育课程

随着社会的进步和人们对儿童早期教育认知的提高，越来越多的教育者开始重视幼儿园体育教育的重要性。在这一背景下，霞浦民间游戏以其独特的魅力和丰富的内涵，逐渐成为幼儿园体育教育中的重要组成

部分。以下将从多个角度深入探讨霞浦民间游戏在幼儿园体育教育中的应用及其带来的积极影响。

首先，霞浦民间游戏具有丰富的文化底蕴和教育价值。这些游戏源远流长，凝聚着历代人民的智慧与创意。它们不仅具有娱乐性，更蕴含着丰富的教育意义。例如，一些传统游戏可以锻炼孩子们的身体协调能力、反应速度和团队合作精神。同时，这些游戏还承载着地域文化和历史传承，有助于培养孩子们的民族自豪感和文化认同感。

其次，霞浦民间游戏在幼儿园体育教育中具有广泛的应用场景。教师可以根据孩子们的年龄特点和兴趣爱好，选择适合的民间游戏进行教学活动。在户外活动中，孩子们可以尽情玩耍，享受阳光和新鲜空气，同时锻炼身体素质。在室内活动中，一些简单的民间游戏也可以作为热身运动或课间休息时的娱乐项目，为孩子们带来欢乐与放松。

最后，霞浦民间游戏在幼儿园体育教育中还具有促进孩子们全面发展的作用。通过参与这些游戏，孩子们可以在游戏中学习如何与他人合作、沟通、分享和竞争。这些能力对于孩子们未来的成长和发展至关重要。同时，民间游戏中的角色扮演和情境模拟等元素也有助于激发孩子们的想象力和创造力，培养他们的综合素质。

为了充分发挥霞浦民间游戏在幼儿园体育教育中的优势，教育者还需要注意以下几点：一是要确保游戏的安全性，避免孩子们在游戏中受伤；二是要根据孩子们的实际情况进行游戏难度的调整，确保每个孩子都能在游戏中得到锻炼和提高；三是要注重游戏的趣味性，让孩子们在游戏中感受到快乐和成就感。

综上所述，霞浦民间游戏在幼儿园体育教育中具有广泛的应用价值和深远影响。通过将这些游戏融入幼儿园体育教育中，不仅可以丰富教学内容和形式，提高孩子们的参与度和兴趣度，还可以促进孩子们的身心健康发展，培养他们的综合素质和民族认同感。因此，我们应该进一步挖掘和传承霞浦民间游戏的教育价值，为幼儿园体育教育注入更多的活力和创新。

（二）山海美术课程

儿童美术教育的学习关键在于充分创造条件和机会，在大自然和社会文化生活中让幼儿萌发对美的感受和体验，丰富其想象力和创造力，引导幼儿用心灵去感受和发现美，用自己的方式去表现和创造美。为此，我们力求通过多种方式和途径，从有利于幼儿学习与发展的角度出发，为幼儿搭建依托山海文化感知自然风光的美术平台，借助滩涂光影等自然美术之旅，让幼儿在光影斑斓的自然风光浸润中，滋养真、善、美的人文精神。

1. 多渠道挖掘山海风光，感受滩涂之美

美术，同其他领域的知识一样，并不是独立于其他领域而单独发展的，幼儿美术教育如果不从幼儿自身的兴趣和生活经验开始，就只能是一个抽象的概念。在培养幼儿对美术的兴趣过程中，教师能够发挥的最大作用在于支持幼儿的审美鉴赏力的发展，帮助幼儿从中获得乐趣和愉悦的情感体验。霞浦滩涂有浑然天成的水光、线条、机理、质感和色彩的独特之美，这些源于本土的文化，其最大的优势是贴近幼儿的生活实际。教师依托这些真实的山海风光，多渠道选择适宜的幼儿美术教育资源，旨在激发幼儿的身体感知与情感体验，让幼儿乐于接受，勤于发问，同时能提高发现美、感受美、欣赏美的审美能力。

2. 多感官融合审美需要，表现滩涂之美

美学家、心理学家玛克斯·德索曾表示，在儿童时代里，一切事物都是互相渗透的。这种互相渗透性不仅表现在儿童感知美的过程中，也体现在表现美的过程及其艺术品中。滩涂以其浑然天成的水光、线条、机理、质感和色彩俘获人心；它营造出来的画面或具象或抽象或淡雅或绚丽，让人叹为观止；它传递着一座城市自然与社会生活的和谐之美。我们从美术的视角，与幼儿一起感受、理解、欣赏滩涂，唤醒幼儿对自然风光和人文情怀的情感体验，鼓励幼儿用多元、有趣的艺术手段和美术方式来表现滩涂之美。

由于幼儿年龄小、经验少，他们看东西往往是一掠而过，总是会忽略物体整体的特点和内在联系。开始时，他们只是抓住事物的一到两个特征，进行粗糙的表现，我们理解幼儿初期的表现形式，同时对他们的兴趣和能力的提升也负起了责任，此时，观察能为幼儿表现美提供更多的智力支持。因此，教师立足幼儿本身审美的需要，指导幼儿有目的地观察。观察不仅仅是用眼睛去看，还要用鼻子去闻，用手去摸，用嘴巴去尝。"孩子们的观察与成人不同，他们表现的不是准确的比例和结构，而是表现观察对象的神情和自己拟人化的想象。"在幼儿好奇心的驱使下，教师引导幼儿运用"望（视觉）、闻（嗅觉）、问（想象）、切（触觉）"等多种感官来表现美。刚开始的时候，幼儿在绘画中对于对象的表现很简单，但是他们会通过语言来补充自己画面中未呈现的内容，甚至会告诉我们许多不存在的东西，即幼儿想象力的发挥。抓住幼儿的内心感受，激发幼儿内心深处对不同线条、色彩、图形、肌理和构图等产生某些特定的心理感受，促发幼儿产生不一样的灵感和创造力，是当前幼儿美术教育表现美的形式。

例如幼儿在画海带时，往往画的是长长的大带子，其实海带上面还有海藻，有隆起的小颗粒，有灰色的海泥，还有白花花的盐渍。为此，教师可以为幼儿提供干海带和湿海带的实物，引导幼儿看一看海带的颜色（暗绿、深绿、暗褐、褐黄）、形状，摸一摸光滑顺溜的表面，卷一卷干海带，切一切湿海带，尝一尝熟海带，丰富幼儿的多种体验。美的感知体验就这样渗透在幼儿的多种感官活动中。经过这样感知体验的过程之后，关于海带的各种印象才能走进幼儿的心里，为他们后续表现美奠定基础，这样他们画出来的作品才会生动、丰富、细腻，而不是概念画。

基于幼儿的审美需要，教师支持幼儿多感官参与体验，重视幼儿表现美的过程，而不是结果。我们尊重幼儿对艺术材料的探索，倾听他们对美的补充表述，理解他们在纸上曲曲绕绕的线条或留白，保护他们对美的探索和多样化的表现形式。

3. 融多元化工具材料为载体，创造滩涂之美

培养幼儿的创造力是学前教育的重要目标之一。《纲要》中详细指出："指导幼儿利用身边的物品或废旧材料制作玩具、手工艺品等来美化自己的生活或开发其他活动。"在"依托山海文化开发自主美术课程"的课题研究中，我们发现大量滩涂背景下产生的美景、光影世界中变幻的色彩，像云像雾、赤橙黄紫，形成了大自然的奇观异象，充分激发起幼儿丰富的想象。幼儿的经验是不同的，他们用来表达自身经验的艺术媒介也是不同的，幼儿会根据自己的喜好来选择不同的艺术材料，来满足不同的表现需要。同时，艺术可用的材料范围是无限的，"艺术家们几乎

能在任何材料中发现它们的美丽和信息"，教师在鼓励幼儿感知、体验滩涂美的过程中，可以围绕滩涂的地域特色，从不同维度来创设美术活动区域，辅以丰富的材料、真实的场景，引发幼儿参与活动的热情，让幼儿在不同主题的美术区域活动中，尝试使用艺术工具和材料重组、加工，探索创造性的表达，表现自我所想所感的美术作品，并使作品呈现自在性、生动性和独特性。

"墨有五色"，因为有了水，成就了人们对山水五色杂陈的印象。在写生写意区"水墨霞浦"里，教师为幼儿提供宣纸，粗细不同的毛笔，调试之后分装好的浓墨、淡墨、焦墨等，供幼儿自由选择不同的墨色，或浓或淡或粗或细，用涂涂画画的方式，任毛笔在宣纸上留下水墨丹青。幼儿以稚嫩的线条、笨拙的点圈、自由的浓淡变化，来表达对滩涂的感受和喜欢。在一长段时间里，许多幼儿只选择画自己喜欢的滩涂风光。后来他们积累了丰富的关于滩涂的感性经验，喜欢沉浸式地表现自己内心的真挚情感。后期，教师又增加了二至三种色彩，丰富了艺术创作材料，使幼儿在着色上又有了新的联想。不同的美术材料蕴含着不同的价值目标，使幼儿萌发不同的想象与创造。因此，他们在材料运用中常常意犹未尽。我们将幼儿的作品一一展现，布置"水墨霞浦"长廊画展，用以分享交流，进一步提升幼儿的审美创造。

在创作创意区"最美最长海岸线"里，幼儿收集了外出游玩的照片，他们精挑细选，排列整合，按照"东起西落"的方位顺序，依次展现霞浦海岸线上的一路风光、著名景点。在此过程中，固定不变的材料容易使幼儿感到枯燥乏味，因此，我们鼓励幼儿不拘泥于固定的手法、固定的材料，而是指导他们就地取"材"，因"材"而异，因"材"而画。比如他们选择各式鹅卵石、细枝条、贝壳、渔绳渔线，运用粘、贴、画、涂、打结、拼接等各种创作手法，多元化地组合表现当地渔民挂海蛎、种紫菜、晒海带、捕鱼货等丰富的生活场景。由此可见，不同材料工具的组合运用能更大激发幼儿的创作热情，使幼儿在美术创作中呈现多元化的表现形式，作品更多呈现多样性、创造性[①]。

---

①吴新燕. 依托山海文化的幼儿美术教育[J]. 时代教育，2024（5）：145-147.

(三)滩涂摄影活动"亲子采风"

霞浦是滩涂摄影胜地,其独特的地理位置、宜人的气候、海上渔耕文化造就了唯美的滩涂景致,令世界各地影友趋之若鹜。将家乡的摄影文化作为幼儿园美育课程的载体,可以较好地触动幼儿亲近家乡、热爱家乡的情怀,增强幼儿对家乡滩涂摄影文化的认同感与自豪感。《幼儿园教育指导纲要(试行)》指出:"幼儿美育的目的在于激发幼儿感受美、表现美的情趣,丰富幼儿的审美经验,使之体验自由表达与创造的快乐。"为此,我园立足幼儿日常生活经验,挖掘滩涂摄影的美,将课程与幼儿生活相链接,让幼儿亲历滩涂摄影活动,亲近美。下面,我以滩涂摄影活动"亲子采风"为例,谈谈我园"滩涂摄影文化"园本课程中的审美教育。

1.亲子采风,在生活中亲历体验发现美

美育要根植于生活。我们充分利用家长资源,开展体验式的滩涂摄影活动,让家长利用周末、节假日带孩子亲近家乡的滩涂景致,调动孩子多感官与滩涂景致互动,鼓励孩子听一听海浪的声音,闻一闻海风带来的清新气息,踩一踩细腻柔滑的浅滩,寻一寻浅滩生物的生命踪迹,赏一赏海上渔耕的壮观场景……当孩子充分经历了各种感官体验之后,家长鼓励孩子用镜头捕捉自己认为最美的景致并带到幼儿园与同伴交流、共赏。在亲历体验、亲近自然的摄影活动中,幼儿提升了发现美的能力。从作品中我们感受到幼儿从生活中所汲取的丰富审美体验,并呈现出独特审美视角。有的作品专注于与同伴快乐嬉戏、互动交往的情感之美,用摄像头捕捉住"海边的快乐童年";有的作品彰显家乡自然风光的旖旎迷人,展现景观之美;有的作品赏识与赞叹海上渔耕劳作场景的壮观,体现劳作之美。活动中,幼儿的体验是多元的,呈现出来的作品是多样的,幼儿从中感受的美也是多角度的,他们不仅感受到滩涂景致的视觉之美,还体验到亲子陪伴、亲情互动的温情之美。

2.投票评选,在环境中鉴赏互动感受美

《3—6岁儿童学习与发展指南》指出:"环境是幼儿园重要的教育资源,应通过环境的创设促进幼儿的发展。"我们充分利用幼儿园环境资源，在幼儿园大厅开辟了一堵摄影墙，展列"亲子采风"摄影作品。幼儿每天出入大厅都可驻足欣赏这些作品，让"亲子采风"活动收获的美的成果在同伴之间分享，这堵摄影墙也成了幼儿欣赏、交流、互动的焦点墙。幼儿从自己的审美角度欣赏评价同伴的作品，在自由交流分享中表达自己对美的认识。

此外，我园还开展了"心目中最美的滩涂摄影作品"的评选活动。参赛者可以站在自己的投票箱前，结合自己的摄影作品对前来投票的人员进行"拉票解说"，阐明自己的选景意图、作品中所蕴含的美的元素（如色彩、线条、造型、构图），投票结果由大班幼儿进行计票排名。整个投票评选过程，我们尊重幼儿独特的审美感受，不将成人的审美标准强加给幼儿，为幼儿提供了自主表达、评价的空间，充分发挥幼儿的主观能动性。

评选活动调动了全园幼儿参与的热情，每位幼儿在活动中都受到了美的熏陶。"摄影师"在拉票过程中提升了鉴赏能力，更深刻地领悟语言美的内涵与魅力。"评委"在欣赏、评选作品的过程中增强了审美意识，在倾听"拉票演说"中拓宽了视野，提高了对摄影美的鉴赏、评判能力。

3.动态生成，在游戏中延续拓展创造美

评选结果出炉，摄影大赛似乎告一段落，但幼儿对美的追求并没有停止，摄影赛成了幼儿对滩涂摄影文化感兴趣的引子，激发了幼儿对家乡滩涂摄影文化的兴趣，于是我园的园本课程紧随幼儿的关注点与需求不断拓展，让幼儿进一步感受家乡的美。如在前期亲子摄影经验的影响下，幼儿"照相馆"游戏的内容更为丰富，形式更为生动。幼儿自发地在游戏中融入了滩涂摄影的元素，他们在美工区制作"滩涂摄影招牌"，向顾客宣传"照相馆"新增设的主题摄影项目——滩涂摄影，自发参与照相馆背景环境的创设，并有效利用园内创设的滩涂环境资源，增设滩涂摄影的外景基地进行户外取景。长廊玻璃上的滩涂风光水彩画、墙面上的摄影作品、班级门口的沙江S湾场景，以及建构区中幼儿搭建的海滩度假村，均成了"照相馆"采景基地。幼儿在美工区创设了"照片加工"制作角，以画、剪、撕贴、拓印等不同的艺术形式再现滩涂摄影作

品，加工出令"顾客"满意的"照片"。随着"照相馆"生意不断红火，许多外地"影友"来旅游摄影，于是"摄影旅行社"在游戏推进中应运而生。幼儿共同收集了许多滩涂摄影景点的照片投放在旅行社中。"影友"进入"旅行社"后先至咨询台向招待员了解景点，然后据自己的喜好确定景点。"旅行社"专设了一面"我的旅行我做主"的攻略墙，"影友"可以和导游边商量探讨边用牵线连接的操作方式确定旅游线路，也可直接参照"旅游手册"上推荐的攻略。"导游"手执导游旗，身配小话筒，穿梭于各"摄影景点"向游客介绍解说。"照相馆""摄影旅行社"游戏均来源于幼儿自发产生的灵感，幼儿在整个游戏过程中是自主、快乐的，他们是游戏的主人，自主支配游戏的走向，游戏的过程便是享受美、创造美的过程。

在开展"滩涂摄影文化"园本课程活动的过程中，我们将本土文化与美育进行了有效对接，以摄影文化课程为载体催生幼儿内隐于心灵深处美的种子，让其在美育的土壤中滋养润泽，逐渐学会欣赏美、表现美[1]。

第五节　本土历史文化

一、霞浦本土历史文化资源在儿童教育课程中的价值

霞浦，这片充满历史底蕴的土地孕育了丰富多彩的文化资源。这些资源不仅具有深厚的文化内涵，而且在儿童教育课程中发挥着举足轻重的作用。将霞浦本土历史文化资源融入儿童教育课程，不仅能够丰富课程内容，提升教育质量，还有助于培养孩子们对家乡文化的认同感和自豪感。

首先，霞浦本土历史文化资源为儿童教育课程提供了丰富的素材。这些资源包括古老的传说、民间故事、历史人物事迹等，都具有强烈的

---

[1]肖少惠."滩涂摄影文化"园本课程中的审美教育——以滩涂摄影活动"亲子采风"为例[J].福建教育，2019（39）：10-11.

趣味性和教育意义。通过讲述这些故事，可以让孩子们在轻松愉快的氛围中了解家乡的历史和文化，从而激发他们对学习的兴趣和好奇心。

其次，霞浦本土历史文化资源有助于培养孩子们的文化素养和审美能力。通过学习家乡的历史文化，孩子们可以更加深入地了解家乡的风土人情、艺术风格和传统习俗。这种深入了解有助于提升他们的文化素养，使他们更加具备鉴赏美和创造美的能力。

最后，霞浦本土历史文化资源还能够培养孩子们对家乡文化的认同感和自豪感。通过学习和传承家乡文化，孩子们可以更加深刻地认识到自己的根与源，从而增强对家乡的归属感和认同感。这种认同感和自豪感将有助于他们在未来的成长过程中更加自信地面对各种挑战和机遇。

在实践中，我们可以通过多种方式将霞浦本土历史文化资源融入儿童教育课程。例如，可以组织孩子们参观当地的博物馆、历史遗迹等场所，让他们亲身感受家乡文化的魅力，还可以开展相关的主题活动，如绘画、手工制作等，让孩子们在动手实践中体验家乡文化的独特之处。

总之，霞浦本土历史文化资源在儿童教育课程中具有不可忽视的价值。通过深入挖掘和利用这些资源，我们可以为孩子们提供更加丰富多彩的教育内容，帮助他们更好地成长和发展。同时，这也将有助于传承和弘扬家乡文化，为霞浦的未来发展注入新的活力。

二、霞浦本土历史文化资源在儿童教育课程中的应用

霞浦丰富多彩的文化资源不仅对于传承和弘扬本土文化具有重要意义，更可以为儿童教育课程提供丰富的内容和形式。那么，如何将这些本土历史文化资源有效地应用到儿童教育课程中呢？以下是一些建议。

首先，要深入挖掘霞浦本土的历史文化资源。这包括了解霞浦的地理、历史、民俗、艺术等多个方面。通过查阅相关文献资料、实地考察以及与当地文化人士交流等方式，可以获取丰富的素材和灵感。例如，可以挖掘霞浦的民间故事、传统工艺、节庆活动等元素，将其融入教育课程中。

其次，要根据儿童的年龄和认知特点，制定针对性的教育课程。对于幼儿和小学生，可以通过游戏、故事、手工制作等方式，让他们在游戏中学习，在乐趣中感受本土文化的魅力。对于中学生，可以开展更为

深入的探讨和研究，引导他们通过实地考察、访谈等方式，了解本土文化的内涵和价值。

再次，要注重课程设计的创新性和趣味性。传统的教育方式往往注重知识的灌输，而忽视了儿童的兴趣和创造力。因此，在课程设计过程中，应该注重引入现代教学理念和手段，如多媒体教学、互动式学习等，让儿童在轻松愉快的氛围中学习和探索。

从次，还可以邀请当地的文化专家和民间艺人走进课堂，为儿童带来生动的讲解和演示。他们的经验和技艺可以为儿童提供直观的感受和启发，帮助儿童更好地理解和传承本土文化。

最后，要注重课程实施的效果评估和改进。通过定期收集儿童的反馈和表现，可以了解课程实施的效果，发现存在的问题和不足，并及时进行调整和改进。这不仅可以提高课程的质量和效果，还可以为今后的教学提供有益的参考和借鉴。

总之，将霞浦本土历史文化资源应用于儿童教育课程中，不仅可以丰富课程内容，提高儿童的学习兴趣和参与度，还可以帮助他们更好地了解和传承本土文化。通过深入挖掘、针对性设计、创新教学以及效果评估等方式，我们可以有效地实现这一目标，为儿童的全面发展贡献力量[①]。

第六节　本土红色文化

一、霞浦本土红色文化资源在儿童教育课程中的价值

霞浦，这片充满红色革命历史的土地，孕育了丰富的本土红色文化资源。这些资源不仅见证了革命先烈的英勇事迹，更承载着深厚的爱国主义精神和革命传统。近年来，随着儿童教育的不断发展，将霞浦本土红色文化资源融入儿童教育课程已成为一种趋势。以下旨在探讨霞浦本土红色文化资源在儿童教育课程中的价值，以期为儿童教育提供新的思

---

①李国梁. 本土文化资源在幼儿园课程中的应用现状研究[D]. 西安：陕西理工大学，2023：21-35.

路和方法。

首先，霞浦本土红色文化资源为儿童教育课程提供了宝贵的历史素材。这些资源包括了革命遗址、英雄事迹、红色歌谣等多个方面，为儿童提供了丰富的历史学习材料。通过学习这些素材，儿童能够了解霞浦地区的革命历史，感受革命先烈的英勇精神，从而增强他们的历史意识和爱国情怀。

其次，霞浦本土红色文化资源有助于培养儿童的道德品质。在革命时期，霞浦地区的革命先烈们为了民族的解放和人民的幸福，不畏艰难困苦，英勇奋斗。他们的精神品质和道德风范为儿童树立了良好的榜样。通过学习这些红色文化资源，儿童能够感受到革命先烈的崇高精神，从而激发他们追求真善美的内在动力，培养他们的道德品质。

最后，霞浦本土红色文化资源还能激发儿童的创新精神和实践能力。在革命时期，霞浦地区的革命先烈们勇于探索、敢于创新，为革命事业做出了巨大贡献。这种创新精神和实践能力对于当代儿童来说同样具有重要意义。通过学习这些红色文化资源，儿童能够了解到创新和实践的重要性，从而培养他们的创新意识和实践能力，为未来的成长和发展奠定坚实基础。

为了充分发挥霞浦本土红色文化资源在儿童教育课程中的价值，我们可以采取多种措施。首先，可以组织儿童参观革命遗址、纪念馆等场所，让他们亲身感受革命历史的厚重和革命精神的伟大。其次，可以在课堂上开展红色故事会、红色歌曲演唱等活动，让儿童在轻松愉快的氛围中学习红色文化。此外，还可以结合儿童的兴趣和特点，设计具有针对性的红色文化课程和活动，使儿童在参与中学习和成长。

总之，霞浦本土红色文化资源在儿童教育课程中具有重要的价值。通过深入挖掘和利用这些资源，我们可以为儿童提供更加丰富、生动、具有教育意义的学习内容，促进他们的全面发展。同时，这也有助于传承和弘扬霞浦地区的红色革命传统，为培养新时代的接班人贡献力量。

二、霞浦本土红色文化资源在儿童教育课程中的应用

霞浦，这片孕育了无数英雄儿女和革命事迹的红色土地，拥有着丰富的本土红色文化资源。这些资源不仅记录了革命先烈的英勇事迹，更

承载着深厚的爱国主义精神和革命传统。因此，将霞浦本土红色文化资源融入儿童教育课程中，对于培养孩子们的爱国情怀、塑造良好的道德品质具有重要意义。

首先，我们要深入挖掘霞浦本土红色文化资源的内涵。这些资源包括革命历史遗址、纪念馆、革命文物以及英雄人物事迹等。我们可以组织孩子们参观这些遗址和纪念馆，让他们亲身感受革命历史的厚重和英雄人物的风采。同时，通过讲解员或教师的讲解，让孩子们了解革命历史的背景、过程和意义，从而激发他们的爱国情感和民族自豪感。

其次，我们要创新霞浦本土红色文化资源的应用方式。在课程设置上，我们可以结合儿童的兴趣和认知水平，设计一系列丰富多彩的教育活动。例如，可以组织孩子们开展红色故事会，让他们通过讲述革命故事来加深对红色文化的理解；可以开展红色主题绘画比赛，让孩子们用画笔描绘出心中的英雄形象；还可以组织红色歌曲合唱活动，让孩子们在歌声中感受革命精神的传承。

再次，我们还可以通过多媒体技术和网络资源来丰富霞浦本土红色文化资源的表现形式。例如，可以制作革命历史题材的动画片或微电影，让孩子们在观影过程中了解革命历史；可以利用网络平台建立红色文化教育专栏，定期发布相关资讯和文章，方便孩子们随时随地进行学习。

最后，我们要注重霞浦本土红色文化资源在儿童教育课程中的实效性。我们要根据孩子们的反馈和学习成果，不断调整和优化课程设置和教学方式，确保红色文化教育的效果能够得到充分发挥。同时，我们还要加强与家长的沟通和合作，引导家长在家庭教育中注重红色文化的传承和弘扬，共同为孩子们营造一个良好的成长环境。

总之，将霞浦本土红色文化资源应用于儿童教育课程中是一项具有重要意义的工作。我们要深入挖掘红色文化资源的内涵，创新应用方式，注重实效性，为培养具有爱国情怀和良好道德品质的下一代贡献力量[1]。

---

① 李国梁. 本土文化资源在幼儿园课程中的应用现状研究[D]. 西安：陕西理工大学，2023：35-53.

第六章　基于儿童立场的山海课程实施

第一节　聚焦儿童全面发展

一、德育

幼儿期是个体情绪情感发生发展的重要时期，是个性倾向和道德观念形成的萌芽时期，也是培养其道德品质和道德行为方式的关键时期。霞浦文化是霞浦地区儿童从小就能够接触到、在耳濡目染中沐浴的文化，但幼儿却并没有在幼儿园或家庭中得到详细的了解。将霞浦文化融入幼儿园课程，可以让幼儿在感受、了解、熟悉霞浦文化的过程中，逐渐认识到霞浦文化的丰富多彩和独特魅力，激发初步的地区归属感，为日后进一步发展为热爱家乡、热爱家乡文化，形成乡土情怀奠定良好的心理基础和情感基础。除此之外，霞浦文学艺术类文化中蕴含着丰富的为人处世准则和良好的个性品质，如勤劳、孝贤、忠厚等，手工技艺类文化也同样蕴含着专注认真、关注细节、精益求精的大国工匠精神和态度，这些都能潜移默化地影响幼儿形成优秀的品格，培养个体正向、积极的行为习惯和生活方式。

二、智育

霞浦地区悠远厚重的历史文化、浓郁淳朴的民俗风情、丰富多彩的手工艺品、瑰丽多姿的风景名胜，无不蕴藏在霞浦人民的日常生活中。幼儿往往对这些独特、有魅力的文化十分感兴趣，丰富多彩的霞浦文化也能够充分激发儿童的好奇心和求知欲。霞浦文化中文学艺术这类内容既包括对精神的认知，又蕴含行为方式方面的典范，还能够提高幼儿语言理解与表达能力；手工技艺这类内容既能够训练幼儿逻辑思维，又可培养动手操作能力……幼儿在与日常生活环境中的文化积极互动的过程中，接触、感受、了解各类霞浦文化，充分发挥主观能动性，发展独立思考、问题解决等思维能力，进一步激发幼儿对于霞浦文化更深的探究兴趣，一定程度上使霞浦文化得到保护，得以传承。

三、体育

霞浦文化的体育价值主要体现在幼儿进行民间游戏和户外运动的过程中，既能得到身体的有效锻炼，又能够很好地舒缓、释放情绪。如健球和盘柴槌，既能使幼儿体质得到增强，又能让人精神变得平缓放松，从而达到身心协调。除此之外，人体各系统、各器官的发育都是密切联系的。幼儿的发育，最早就开始于手部精细动作的发展，这种发展直接带动思维意识与肌肉运动的统一，能够有效促进大脑的发育。将制作霞浦民俗小吃、当地特色手工艺品等融入幼儿园课程活动设计，让幼儿在亲身体验动手制作的过程中，提高手部小肌肉群的活动能力，发展幼儿动手操作能力，培养手部精细动作发展和手眼协调，进一步促进大脑的发育，从而实现个体的全面、协调发展。

四、美育

霞浦文化中文学艺术、手工技艺和风景名胜都具有独特的美的特征，蕴含着丰富且深厚的美育价值。将霞浦文化融入幼儿园课程，让幼儿感受布袋戏独特的形式、精湛的技艺；体验畲族服饰的美，让幼儿体会霞浦手工艺品不仅具有实用的使用价值，还有用作观赏的审美价值；让幼儿认识霞浦地区形形色色的各类自然风景和人文名胜，了解其背后的深远故事……给予儿童美的体验，感受霞浦文化创造的独特与美好，提高儿童审美情趣。真正实现让儿童在瑰丽多姿的霞浦文化中认识美、欣赏美，获得审美熏陶，不断感受美、表现美、创造美，从而提高幼儿审美能力，更有效地促进个体全面发展[①]。

---

①王冠缨. 地方文化融入幼儿园课程的行动研究——以即墨文化为例[D]. 南充：西华师范大学，2023：2-13.

第二节　挖掘本土教育资源

一、充分挖掘应用本土文化中的教育资源

教师是本土文化资源能否有效应用于幼儿园课程的关键，教师对本土文化资源的挖掘应用能力影响着幼儿园课程实施的质量。教师要充分挖掘本土文化中的教育资源，发挥文化资源的教育价值。

首先，教师要注重本土文化资源挖掘应用的整体性。霞浦地区本土文化资源丰富，比如滩涂文化、畲族文化等各种不同的文化资源，这些文化资源之间有一定的关联性，蕴含着许多具有教育价值的内容，为教师挖掘应用资源提供了广阔的空间。教师在实施活动时，既要重视霞浦不同区域文化资源挖掘应用的整体性，也要关注到本土文化资源在不同领域应用的整体性，将本土文化资源中能够促进幼儿发展的文化资源均衡地运用到五大领域之中，促进幼儿身心全面和谐发展。

其次，教师要提高对本土文化资源的利用率。教师在应用本土文化资源开展课程活动时，存在重形式轻实效、重模仿轻创新的问题，因此会造成资源的浪费。教师在将本土文化资源应用于课程中时，要认真思考，科学制定目标，充分考虑幼儿的年龄特点和兴趣需要，确保课程实施的有效性，充分利用已有资源，同时积极挖掘新的可利用的一切资源，为本土文化资源应用于幼儿园课程提供新的内容[①]。

二、乡土山海资源开发利用对幼儿归属感的培养

（一）培养幼儿归属感的意义

习近平指出："一个国家综合实力最核心的还是文化软实力，这事关精神的凝聚，我们要坚定理论自信、道路自信、制度自信，最根本的还要加一个文化自信。"文化自信落实在教育上实质是文化认同和归属的问题。随着全球经济一体化的加速，文化也面临着趋同化的危机，西方文

---

① 李国梁. 本土文化资源在幼儿园课程中的应用现状研究[D]. 西安：陕西理工大学，2023：35-44.

化及其价值观削弱了传统文化对儿童的影响，悄然改变着儿童的生活方式和文化认同。每个人生活成长的本土都是经过一代代人不断开拓、继承、丰富、弘扬而积淀成的，都具有鲜明的地域特色。因地制宜将山海乡土资源转化为幼儿可感、可知的教育资源，培养幼儿对家乡、家人的热爱与认同，实施归属感教育迫在眉睫。因此，幼儿归属感的培养意义重大，是社会领域发展与教育的重要目标，最终关涉国家安全与文化安全。

（二）乡土山海资源开发利用培养幼儿归属感的途径

1. 特色环境创设，营造乡土山海的文化氛围

《3—6岁儿童学习与发展指南》指出，在"良好的社会环境及文化的熏陶中学会遵守规则，形成基本的认同感和归属感"。环境常常被称为幼儿园的另一位"老师"。霞浦三面临海一面靠山，滩涂摄影世界闻名。为此，我们在园内积极营造乡土山海氛围。在幼儿经常出入的地方布置环境，并以儿童为主体，以"儿童视角"来创设让幼儿可欣赏、可操作、可交流、可创作、可提升的环境

大厅——主题氛围突显办学理念。文化需日积月累，潜移默化，才能对幼儿产生影响和渗透。大厅是幼儿、家长、教师每天必经之地，我们在大厅设置了理念介绍"童眼看世界"，让家长、教师明白"为什么要做"，逐期展示"家长家乡山水优秀摄影展"。设置幼儿互动操作区"海的味道""山地马拉松""畲家乐"等。让幼儿、家长、教师每天在潜移默化中熏染家乡的气息。

廊道——本土资源融入游戏情境。根据幼儿年龄的不同，我们分别在小班廊道创设了"霞浦一条街"，有照相馆、旅游公司、最美民宿拾间海、鱼市等。这些环境是孩子们熟悉的生活场景的再现。角色游戏时孩子们吃在霞浦，玩在霞浦，行在霞浦，摄在霞浦，是孩子生活游戏化的途径。在中班廊道，我们创设了最美家乡建构区，孩子们讨论选取具有典型的资源。比如说自然资源有霞浦著名景点"沙江S湾""东吾洋""杨家溪""山涧堂"，也有人文景观"动车站""福宁公园""九大馆"等新城风貌。幼儿在搭建的时候会和家长一起外出游玩，一起收集有关

家乡的风景名胜著名建筑的图片、资料等。在游玩、收集、欣赏、建构的过程中，自然而然地感受到家乡日新月异、交通便利快捷、山海风光旖旎，从而自然而然地激发幼儿对家乡的热爱。在大班长廊，我们选择了优秀的民俗内容，幼儿制作"妈祖走水"中的"轿子"，"霞浦小吃多又多"中的喜饼拓印，"时光霞浦"中的青花瓷，水墨画既让幼儿感受家乡文化丰富多样，又让幼儿体验了中国文化的博大精深与迷人魅力，从而自然而然地建立文化认同与归属感。

楼梯转角——巧手创意再现家乡美景。楼梯转角是孩子上下行进的必经之路，不适合作为孩子操作的空间，但可用来作为孩子欣赏的空间。我们利用三个楼层的楼梯转角分别设置了三个欣赏空间"这山……""这水……""这人……"。聪明的家长和教师巧妙应用家乡乡土资源如贝壳、螺壳、蟹壳、沙子、松球、竹子、树枝、菜叶、海带、紫菜等这些自然之物制作成了一幅幅精美的含有霞浦元素的作品。"这山……"有龙首山、馒头山、茶岗山等。"这水……"有杯溪、竹江等。"这人……"中有采茶、制斗笠、晒鱼干、酱鱼露等生活场景。这些元素既营造了浓浓的霞浦人家风情，让幼儿欣赏的同时，又拓展了视野，热爱家乡的情怀与归属感油然产生。

2.灵动教育活动，推进乡土山海课程实施

资源整合生成原本主题。我们遵循全面性、整合性、兴趣性、发展性原则，让各班选择合适的乡土山海资源开展主题活动，以主题活动的形式将乡土山海文化教育内容均衡融入幼儿的活动。以语言、表演、科学、体育、音乐、美术等形式来推进，让资源真正与幼儿的生活经验联系起来，比如说海的主题，我们自编的童谣《霞浦鱼宝宝》，自创了体育活动"捕鱼"，表演游戏"海的女儿"等，来促进幼儿全面协调发展，开展了"我们生活的地方""田园风光""来来往往""最美海岸线""美丽杨家溪""家乡的山""舌尖上的霞浦""时光霞浦""我行我摄""霞浦民间艺术""畲乡半月里"等18个主题活动。

经验推动体验，促生区域活动。幼儿的个体探索乡土文化的兴趣如何得以持续呢？我们在区域活动中，大量模拟乡土文化教育情境，模拟设置了真实的本土文化生活场景片段，以贴近幼儿的认知。比如说在

"杨家溪"的主题活动中，我们在班级的语言角，孩子们和家长们共同收集了有关杨家溪的栈道、枫香、鲻鱼、瀑布等相关的民间歌谣、童谣、民间传说、故事、谚语、歇后语等，以连环画、录音、情景设置等形式在语言角中展列。从个体探索方面，让他们有持续开展的兴趣点和赖以支持的材料以及相应的推进策略。从个体欣赏收集到小组制作创作到集体分享再到新的个体需求产生等系列循环展开，这些无限循环的探究过程是幼儿环环相扣的创新，使得每个班每个区域每个角落处处洋溢着浓郁的乡土山海气息。

感受摄影文化，打造特色课程。乡土山海资源包含了社区资源、自然资源、人文资源，每个幼儿园所在的地域都有相应的地方传统文化习俗。这些资源多种多样、相互交织、博大精深，但总有一样是特别凸显的。霞浦，山水环绕，人杰地灵，美景风光，使得霞浦成为摄影家的胜地，霞浦获得了"最美滩涂"美誉，霞浦的日出在央视播出……霞浦的摄影获奖数不胜数。可以说霞浦的美景成就了美的摄影作品，美的摄影作品也向世界展现了霞浦的美。我们除了在环境中以各种形式展示大师、家长摄影作品外，还在幼儿的心灵深处埋下摄影艺术的种子。《指南》提到：通过拍摄和画图的方式保留和积累有趣的探索和发现。因此，让幼儿通过拍照的方式呈现自己所爱所喜是一种非常可行而且有效的手段。幼儿的环境元素应该是以幼儿为主体的，让幼儿能真实地参与到环境创设中，幼儿可以拍自己喜欢的班级工作坊、园所的景观、外出旅行的美景等。孩子们十分珍视自己的摄影作品，教师也能从摄影作品中发现孩子们近期的经验，并将它们创设布置在幼儿园环境中。让孩子和环境产生优质互动。这些环境中蕴含着孩子"自我"的元素，"我""我的""我们的"，比如说"我的鱼""我的娃娃家""我们的九大馆""我们的长城"等，当大量自我的元素在这种优质的互动环境中呈现的时候，孩子的归属感，会从班级推至园所，从家乡推至祖国。孩子们会明白，我是哪个班的孩子，我是实验园的孩子，我是霞浦的孩子，我是中国的孩子。

乡土文化教育渗透一日生活。幼儿一日活动皆课程，在一日活动的各个环节中有机渗透乡土文化教育也是培养幼儿文化归属感的一个重要途径。如在晨间接待和离园时播放节奏鲜明、朗朗上口的方言歌谣，早操编排方言游戏操、海带舞，午间前后播放民间故事或传说，户外活动、每日开展"萌娃山地马拉松"、幼儿自愿地跨班跨龄参与半程或全程的系列山地马拉松体育活动，在节庆日开展相应的民俗庆典。我们把每个星期四下午定为打破班界的走班活动，幼儿可以到任何一个班级、任何一个功能室、任何一个角落去感受不一样的乡土山海课程，做到全园的课程资源共享。每到周四，园内到处弥漫着乡土山海气息，幼儿真切感受家乡文化的丰富多样，体验文化的博大精深与迷人魅力。

从小培养幼儿归属感，对幼儿身心和谐发展尤为重要，在《3—6岁儿童学习与发展指南》引导下，我园充分利用家乡环境中富有的乡土山海资源开展活动，让这些充满吸引力的资源走进幼儿的生活，在乡土文化得到弘扬的同时，激发幼儿爱家乡的思想品质，使得优秀的乡土山海资源在得以弘扬的同时得以传承，培养了幼儿对家乡初步的归属感[①]。

三、基于地域自然环境开发幼儿园课程资源

地域孕育文化，自然孕育生灵，地域自然环境是人赖以生长、文化赖以延续的根本。因此，自然资源同样是重要的教育资源，能够丰富文化教育的内容，为幼儿提供丰富的学习空间和学习机会。对幼儿教育来说，自然环境就是天然的教育资源，能够培养幼儿的多种素养和探究能力。但是地域自然环境的开发和利用是大主题，对环境及区域资源的把握和应用需要极强的控制能力，我国很多幼儿园在这方面有待提高。这也导致国内很多地区的幼儿园没有针对自然环境开发相关的理论和实践课程，丢失了对自然环境及地域资源的应用机会。本研究将主要探讨和分析地域自然环境在幼儿园教育中的应用价值，通过存在的问题分析引发未来思考，为幼儿园课程资源的开发提供更多可能。

(一)地域自然环境在幼儿园教育中的价值

地域自然环境是大主题，包括自然地理特征、气候特征、气候变化、生物资源等内容，它的种类丰富、实用性强，是可使用的重要教育资源

①杨玲斌. 乡土山海资源开发利用对幼儿归属感的培养[J]. 福建教育研究，2019（1）：43-44.

和背景，能够对幼儿教育起到很好的辅助作用。同时，自然资源也是人成长过程中必不可少的重要资源类型，幼儿时期多接触此类资源，对开阔幼儿眼界、帮助幼儿身心健康发展大有助益。

1. 促进幼儿身心健康

地域自然环境能够为幼儿提供丰富多彩的生活空间和材料。幼儿在广阔的大自然中可以自由玩耍、学习、模仿、体验，这既满足了幼儿成长的好奇心，又能够激发幼儿的求知欲和模仿能力；既锻炼了幼儿的身体素质和运动技能，增强了幼儿的免疫力和环境适应能力，又为幼儿成长提供了宝贵的体验。地域是文化的诞生之所，自然是万物的孕育之初。因此，在地域自然环境中，幼儿感知到的美和生物多样性，都是艺术和审美最初的样子。在自然的环境中成长和学习，有助于培养幼儿的审美情趣和创造能力，对于丰富幼儿的情感和同理心、帮助其形成积极乐观的性格也大有助益。

2. 开阔幼儿认知视野

地域自然环境是幼儿接触、学习、认识世界的重要途径：地域自然环境中蕴含的自然现象能够让幼儿接触到多种多样的生物，让他们认识到物种的多样性；多种生命形式可以让幼儿感知除人类活动之外的生命活动，帮助其探索更多生命世界的奥秘；物质属性的不同也能让幼儿学习和了解更多的自然规律，用科学的眼光看世界。地域自然环境为幼儿提供了真实且多样化的学习内容，让幼儿亲身参与实践，在实践中获得直观而深刻的认知体验，而这能够帮助幼儿建立起对自然规律和科学原理的初步认识，开阔幼儿的认知视野。

3. 培养幼儿生态意识

地域自然环境是人类赖以生存、社会赖以发展的重要基础资源，而自然同样是人类和其他生物和谐共存、共同生活的家园。通过地域自然环境教育，可以帮助幼儿树立和践行人与自然和谐共生的理念，帮助幼儿培养对大自然的敬畏和热爱之情，使其在与自然的接触中不断认识到人类和自然之间相互依存、生生不息的相互影响，从而形成节约资源、保护自然环境的理念。这是培养幼儿生态意识和责任感的有效办法。

(二)幼儿园教育中应用地域自然环境存在的问题

地域自然环境的合理应用对幼儿教育来说至关重要，它可以为幼儿提供丰富多样的学习内容和活动方式，帮助培养幼儿的观察能力和创造力，培养他们对自然和生命的敬畏之心。我国地域辽阔，自然资源丰富，且具有多样性和差异性，不同地区的气候、地貌、植被、动物等都有很大差异，也因此，不同地域孕育的文化风格存在区别。这就要求幼儿园要立足自身，了解本区域内自然环境的特点和优势。但是，就目前来说，地域自然环境在幼儿园教育中的应用还存在一些问题，主要表现在以下三个方面。

1.缺乏对地域自然环境的系统性认知

应用的前提是了解，很多幼儿园对所在地区的自然环境了解和研究得不够充分，不能充分发现和发掘自然资源的利用价值和教育意义，更不能将这些资源和现有的课程结合起来进行应用和创新。因此，总的来看，目前幼儿园教育内容还不完整，缺乏有针对性的地域自然环境的教育，大多数自然环境资源在幼儿园教育中的体现都是零散、碎片化、随意的，少有针对地域自然环境的教学内容出现，因此尚未形成连续、深入、连贯的学习过程。

2.缺乏对地域自然环境的尊重与保护

学习的基础是尊重。基于地域自然环境开发幼儿园课程资源，前提是对自然资源进行充分的认识和利用。但是一些幼儿园教师对所在地区的自然环境缺乏足够的尊重和保护，因此也缺少对幼儿的正确引导，不能培养其正确对待自然的态度和行为，甚至有可能会间接造成自然资源的浪费和破坏。例如在一些户外教学活动进行的过程中，幼儿园教师没有注意保持周边环境的卫生，随意丢弃垃圾、破坏自然环境，或者是在探索自然、搜集自然材料时，不加分辨地对植物和动物的生存环境进行破坏，严重的甚至还有捕捉动物和损坏植物的行为发生。这些做法自然也会影响幼儿对自然环境的感情和态度，不仅破坏了自然，对幼儿也形成了反面的影响。

3.缺乏对地域自然环境的创新和开发

地域自然环境可以为幼儿园教学工作提供充足的场地和充分的自然资源支持，但前提是需要幼儿园自己去开发和利用，将其转化为可用的课程资源。但现实是幼儿园及教师对所在地区的自然环境缺乏全面认识，对自然资源缺少开发和利用，不能充分利用资源的多元化和变化特性，为幼儿提供丰富、新颖、有趣的学习体验。很多幼儿园会尝试将地域自然资源加入课程教学中，但只是一味地沿用传统、单一的形式，以游览、展示和讲解为主，没有让幼儿深入到自然环境中去，缺乏对其兴趣、需求和特点的考察，因此对课程资源的应用水平不足，缺乏创新性和开发成效。

(三)基于地域自然环境开发幼儿园课程资源的措施

地域自然环境是可用的教学资源，幼儿园以此为基础开发课程资源，不仅有助于提高课程体系的完整性，也能对其他课程教学内容起到丰富的作用。针对当前幼儿园在地域自然环境开发和应用过程中遇到的问题，从以下几个方面进行论述。

1.建立基于地域自然环境的课程观,明确课程目标

首先，建立基于地域自然环境的课程观，必须认识到地域自然环境是一种丰富而多样的课程资源，其中不仅包括丰富的物质、生命现象，还包括人与自然、人与人之间的相处关系与发展文化。因此，课程目标的设置要极具多样化。其次，目标建设必须尊重幼儿的主体性和个性，考虑幼儿这一时期的兴趣爱好和需求，选择有实用价值和输出能力的活动，让幼儿参与其中。最后，课程目标的实践需要尽量摆脱传统课程规范的束缚，不再要求幼儿从课堂环境出发、从常规的课本知识出发进行思考，而是鼓励幼儿深入到自然环境中去，通过探索、实验、观察来寻求最终的答案。教师要鼓励幼儿积极表达自己对自然的看法，并与其他幼儿一起分享经验，主动自然地与地域自然环境进行交互，充分体验和感受自然的美好与奥妙，在相处的过程中发现和解决问题，以此来拓展知识，学习新的知识。

2. 发挥教师主体作用，创设多元教学活动与方法

基于地域自然环境开发幼儿园课程资源是一种符合《3—6岁儿童学习与发展指南》精神和幼儿身心发展规律的课程模式，它能够充分利用幼儿园周边的自然、社会、人文等环境作为幼儿成长的重要资源，为幼儿提供丰富、多样、有趣的学习内容和活动方式，激发幼儿的探索兴趣和创造力，培养幼儿的综合素养和能力。在这一课程模式中，教师的引导作用是不可或缺的，教师应该从以下几个方面发挥自己的引导作用，创设多元化的教学活动。首先，教师要有开放的观念和创新的精神，不拘泥于现有的教材和教法，而是根据地域自然环境的特点和幼儿的实际情况，灵活设计适合幼儿学习和发展的课程内容和目标，结合幼儿园的特色和优势，开发出具有地域文化色彩和生活气息的课程资源。例如，教师可以利用周边的农田、果园、花卉、小溪等，开展与季节变化、植物生长、水循环等相关的探究活动。其次，教师要有细致的观察能力和及时的反思意识，不断关注幼儿在地域自然环境中的学习过程和成果，及时记录和分析幼儿的表现和反馈，调整和完善课程设计和实施方案，以适应幼儿不同的兴趣、需求和水平。教师要根据幼儿在地域自然环境中所遇到的问题和困惑，引导幼儿提出疑问和假设，鼓励幼儿进行验证，帮助幼儿构建相关知识和技能。

3. 加强家校共育，拓展课程资源与渠道

家庭和社区是幼儿生活的重要场所，其中也有着丰富多彩的自然资源。幼儿园可以通过组织家访、邀请家长参与、开展社区调查等方式，了解家庭和社区的自然环境特点，收集各种自然材料，如植物、动物、石头、泥土、水等作为课程活动的素材。同时，也可以借鉴家庭和社区中与自然相关的传统文化、民俗、技艺等，作为课程活动的内容。

总之，幼儿园应该认识到自然资源的应用价值，通过提高资源利用效率，扩充课程资源内容，帮助幼儿融入自然环境，获得更多的活动体验。本研究通过对自然资源开发和利用情况的探讨，提出应用措施，希望能够提高幼儿园课程实施效率和实践水平[①]。

---

① 陈梦瑶. 基于地域自然环境开发幼儿园课程资源[J]. 亚太教育，2023（11）：113-115.

第三节　提高教师专业素养

教师具有较高的文化素养是本土文化资源应用于幼儿园课程的一个基本前提。教师自己首先热爱本土文化、了解本土文化，才能更好地将本土文化传递给幼儿。

一、提高自主开发意识,端正课程价值观

教师对本土文化课程资源开发利用的价值意义的认识是他们进行开发的动力。他们基本都认为开发本土文化课程资源是有必要的，但是他们仅仅从培养幼儿热爱家乡的情感这一层面去认识。而没有结合当下多元文化背景及幼儿园课程改革的需要出发，以及人与教育、人与文化的关系出发，去认识本土文化对于幼儿的价值，对于提升幼儿园课程质量的意义，对于提高自身能力素养的意义，以及对于社会文化传承的意义。只有充分认识到其重要价值与意义，教师才能以全新的视角去看待课程与幼儿的关系，真正对文化加以选择，为实现完整的真正的人的教育而努力。

因此，教师应该提升自身的本土文化素养，可以通过网络、书籍等渠道查阅资料，还可以通过本地的文化馆等场馆获取资源，更可以通过实地调查，深入了解本土文化及其生存现状，并产生文化自觉意识，对文化产生深刻认同，才可能从内心焕发出自主开发本土文化课程资源的意识。教师应该加强对生活的感知和探究，只有对本土文化形成整体性认识，才更有可能形成科学的课程资源开发理念。教师应该认识到进行课程资源开发利用，不单是为了做出成果以打造幼儿园的特色，也不应是完成一个教学任务而已，最根本的还是为了幼儿的发展，为培养适应未来社会的人才做好充分准备。教师需要端正课程价值观，沉下心来做课程，多关注过程，多关注幼儿。

教师对本土文化资源的理解和观念深刻影响着课程的设计、实施、评价等环节，当前幼儿园仍有少数教师认为本土文化资源应用于幼儿园

课程中价值很小，不是很有必要。对于本土文化资源在幼儿园课程中的应用，教师要转变自身对本土文化资源的观念和认识。

教师要提升主动性、积极性。要从自身发展的角度来看待本土文化资源在幼儿园课程中的应用，充分认识本土文化资源应用于幼儿园课程的重要性，发现其中的乐趣所在，主动探索本土文化资源应用于课程的方式方法，转变自身角色，不仅仅成为本土文化资源应用于幼儿园课程的执行者、实施者，也要努力成为本土文化应用于幼儿园课程的探索者、开发者，并在实践中提升自己应用本土文化资源开展教学活动的能力。

教师要充分认识到本土文化资源对幼儿的重要价值。《3—6岁儿童学习与发展指南》中提出，幼儿园要充分利用自然环境和社区资源，扩展幼儿学习和生活空间。幼儿比较适合直观、形象化的学习内容，这是由幼儿生理和心理发展特点所决定的，而本土文化资源正是幼儿在日常生活中所能触及的东西，以生活性、本土性为主要特征，幼儿能较好地融入到文化当中，儿童在学习过程中借助于本土文化资源，有利于儿童在具体的情境中习得经验，增进儿童对文化的了解，培养儿童对文化的认同感，增强文化自信[①]。

二、提升课程理论素养和课程资源开发利用能力

教师的能力对于课程实施起着关键作用。教师在提升本土文化课程素养的基础上，还需要提升自身课程理论素养和课程资源开发利用能力。

教师在教学活动之余应该加强自主学习，在自主学习中提升课程理论素养，通过阅读课程理论方面的书籍，参考其他幼儿园开发类似课程资源的案例，以及相关的慕课，从中获得课程资源开发利用的相关概念、课程开发程序、开发模式等理论知识。理论的学习应该与实践相联系，应该是持续的。美国心理学家波斯纳提出：教师成长=经验+反思，理论可以加深反思的深度，从而更好地促进教师成长，全面提升教师综合能力。

理论的学习最终是为了指导实践，教师还需要在课程实践中切实提升课程资源开发利用能力。主要是解决课程资源中开发利用的关键问题：

---

①李国梁. 本土文化资源在幼儿园课程中的应用现状研究[D]. 西安：陕西理工大学，2023：45-50.

如何筛选资源？采用什么方式？教师可以根据已开发利用课程资源的实践进行反思总结。

本土文化课程资源开发利用的资源具体应该如何筛选，还需要根据本地本园本班幼儿的实际情况，在实践中不断探索。因此，深入地了解文化，仔细地观察幼儿、了解幼儿，才能筛选出更加适宜的内容。

本土文化是本地区人民在实践中形成的，往往蕴含着实践的智慧，教师可以将其还原为产生它们的探索过程，让幼儿在行动中学习，在行动中感受，在行动中发展。像纸文化课程的开发，在教师的引导和支持下，幼儿的自主探索不断引向深入，在这个过程中，他们获得经验，并不断提升。纸文化课程的启示，并不是说本土文化课程资源都应该尝试生成性开发，而是应该根据资源本身的特点找到与之契合的内容组织形式，这提醒教师们要对资源进行深入的挖掘，才能根据幼儿的兴趣和需要，筛选适宜的内容，再选择适宜的内容组织形式。具体应该如何筛选内容、采用什么方式，还需要通过不断实践探索[①]。

霞浦地区本土文化资源底蕴深厚，内涵丰富，代表霞浦地区特定时代的文化价值取向，其中蕴含着丰富的教育资源。幼儿教师只有拥有良好的文化意识与文化素养，才能够更加有效地在幼儿园课程中对霞浦地区本土文化资源加以应用；同时，教师的文化意识与素养的提高，有助于教师更加深刻理解霞浦本土文化资源的内容，感悟霞浦本土文化资源的内涵。

一方面，教师要主动学习，增强了解。霞浦地区文化资源丰富，教师要发挥主动性，自己主动探索，利用好网络平台，观看关于本土文化资源介绍的相关视频，加深自己对本土文化资源的进一步认识。充分利用幼儿园已有资料，比如书刊教材、学术论文等，从中搜集本土文化资源的相关内容，进行整理、分析、总结。幼儿园教师要积极与其他教师沟通交流，观摩其他教师教学实践活动，向幼儿园经验丰富的教师了解本土文化资源的知识，探讨教育教学实践经验。

另一方面，幼儿园可以组织教师进行霞浦本土文化资源的系统学习。

①姜黎. 幼儿园地方文化课程资源开发利用的个案研究[D]. 南京：南京师范大学，2021：24-50.

组织教师到文化底蕴深厚、资源丰富的地区实地探察，让教师在实践中接触、认识本土文化，感悟本土文化资源的魅力，加深对本土文化资源的了解，发现本土文化资源与幼儿园课程的契合点。邀请民间艺人、专家学者等入园指导，拓展教师学习本土文化资源的渠道和途径，组织开展报告会、研讨会等形式向教师介绍本土文化资源，提升教师文化素养。

三、多元民族文化素养的培育

自持续推进学前教育三年行动以来，国家对于民族地区学前教育发展的重视程度与日俱增。民族地区为满足学前教育事业快速发展需求，面向全国公开招聘幼儿园教师，这一举措使得民族地区幼儿园逐渐形成了一个多元文化共生的教育工作环境。面对纷繁复杂而又各具特色的民族文化，多元文化素养培育也成为学前教育实践的现实需要。这对于幼儿园教师来说是一个机遇，也是一个挑战。机遇在于，在如今倡导民族复兴、民族团结、文化自信的浪潮之中，合理运用文化资源，对于铸牢幼儿民族文化共同体意识有非常重要的意义。挑战在于，幼儿园教师自身要克服不同文化带来的文化冲突，以内省促发展，积极建构出健康可持续发展的民族地区学前文化教育体系。

（一）幼儿园教师多元民族文化素养培育价值

"建国君民，教学为先"，教育自古以来对于国家发展尤为重要，"振兴国家的希望在教育，振兴教育的希望在教师"，教育是有效延续文化传统的过程，是有效传承文化并赋予时代新内涵的手段，教师不仅仅是知识的传授者，更是文化的传播者。在提倡发展软实力、增强中华民族文化自信的今天，不同民族的文化借助多种形式，积极融入中华文化的一体化格局之中。多元文化背景下的民族地区幼儿园教育环境是多元文化时代发展的表现之一，这也就对民族地区幼儿园教师提出了新要求、新任务、新挑战。在国家提倡传统文化教育的背景之下，在多元文化的环境下，作为一名幼儿教育工作者，作为文化的传承者、传播者，幼儿园教师更应积极融入其中、积极学习，增加对不同民族文化的认知，增强民族文化认同感。

1.多元民族文化素养培育利于中华文化传承

"师者，所以传道、授业、解惑也。"作为知识的传授者，若幼儿园教师自身缺乏文化素养，对所处地域文化或中华传统文化等知之甚少甚至一无所知，势必对于幼儿形成文化认同以及归属感建立造成影响，"善之本在教，教之本在师"。文化教育也当如此，教师的职业是传承文化，教师传承文化的职业行为本身也是一种文化。一方面来说，教师将文化融入幼儿教育教学之中，是作为文化传播者的应尽职责，是建立幼儿民族认同感、国家归属感，践行爱国主义教育的有效途径，是建立幼儿正确价值观、根植社会主义核心价值观、提升国家文化软实力的正确手段之一。只有幼儿园教师自身具有多元民族文化观念，才能有效解决民族文化价值观的冲突，并将之融会贯通，将其价值潜移默化地表达出来，起到润物细无声的效果。另一方面，幼儿本身具有好模仿的天性，教师的言传身教、榜样示范对于幼儿文化认同感建立有紧密联系。幼儿园教师在日常生活中以文化素养为基础的行为或在教育教学活动中进行的文化教育都会加深幼儿对于民族文化、中华文化的了解与感知，只有建立在了解的基础之上，文化才能得到更好的弘扬。学前教育是基础教育的基石，幼儿对于国家和社会未来的发展具有重要的意义。建立起幼儿的民族文化认同，能更好地促成我国传统文化的传承与发展，能使中华文化持久地屹立于世界文化之林。

2.多元民族文化素养培育利于教师自我成长与发展

我国是一个多民族融合发展的国家，民族文化的丰富多样性为幼儿园教师教育教学工作带来特殊性，幼儿园教师不仅要响应国家通用语言教育的号召，推广国家通用语言教学，也要将不同民族文化融会贯通，促进中华文化的传承与创新。这需要幼儿园教师具有多元民族文化素养，并将其运用在幼儿园教学活动之中。《关于实施中华优秀传统文化传承发展工程的意见》（2017）提出，要将中华优秀传统文化全方位地融入各层次的教育中，"加强面向全体教师的中华文化教育培训，全面提升师资队伍水平"。民族地区的教育工作者大多需要融入多元文化的氛围之中，主要任务是训练学生具有不同文化的交流能力，教师的多元文化素养是相当重要的。在提倡传统文化教育的大环境之下，身为基础教育工作者，更应深入学习，提升自我文化素养，为国家培养新一代知识分子，做好教育教学工作。因此，民族地区幼儿园教师多元文化素养培育，有利于幼儿园教师对中华多元文化体系有基本认知，加强对不同民族文化的学习与吸收，推动多元文化以园所为单位和谐共生，并逐渐扩大其影响范围至家庭、社会，促进形成中华文化多元一体化的和谐发展格局。

3. 多元民族文化素养培育利于良好文化教育生态形成

高品质的幼儿园不仅在于其教育的高质量，更关键的在于其背后蕴藏的深厚文化底蕴与丰富文化资源，更重要的是建成一个良好的文化教育生态。一个健康的文化教育生态，能够建立良好的幼儿园师生关系、发展高效的学前教育模式和标杆学前教育体系，它往往将幼儿发展作为中心，以所在地区文化为基本，结合多元的教师文化，形成独具特色的园所文化，而生态中的各个文化基础又分别对幼儿的发展起着不同的影响，教师文化作为其中非常重要的一环，其文化素养培养的重要性便逐渐显现出来。

培养幼儿园教师多元文化素养对于幼儿园建设文化氛围来说，是一个契机。各民族文化取长补短、互通有无，逐渐形成富有特色的园本文化。校本文化是体现学校办学特色和目标追求的物质财富和精神财富的总和，具有凝聚、陶冶、规范等作用。对于教育者来说，以自身文化为基础所发展起来的园所文化，能更好地建立幼儿园教师的职业归属感，凝聚发展共创和谐教育环境。对于幼儿园来说，以本土文化为基础，融合多元文化所形成的园所文化有助于高质量课程的开发，有利于幼儿园健康与可持续地发展。对于幼儿来说，良好的教育氛围、丰富的文化环境以及高质量的课程体系，能够加快幼儿教育高质量发展，由内而外提升幼儿品质，促进幼儿全面发展。

(二)幼儿园教师多元民族文化素养培育原则

党的十八大以来，习近平总书记明确指出，中华文化是集各民族文化之大成，正是在集文化之大成的教育环境之中，不可避免地出现因民族不同而出现的文化价值、理念以及心理的差异所造成的对加强幼儿传统文化教育的不完整、不连续、不系统等问题。身为幼儿教育工作者，身为传统文化的继承与传播者，加强多民族文化的融合，促进各民族文化共生，坚守尊重差异、包容多样、求同存异等基本观念，是开展幼儿传统文化教育、树立幼儿文化自信意识的前提。

1.尊重差异、百花齐放、各美其美

从最初摆脱蒙昧的野蛮时代建立人类文明时代开始，到人类社会发展嬗变至今，不同地区的文化总是存在着一定的差异性。提升教师文化认同，促进民族文化融合，构建幼儿园多民族文化共生氛围，打造和谐幼儿园教师队伍，促进中华文化教育落地生根、有效传承，首先要承认、接受、融合民族文化之间的异与同。因此，尊重各民族文化差异是实现多民族文化融合的前提，实现民族文化融合教育的基础。"百花齐放"一词随着时代的发展其内涵不断丰富，从形容学术流派繁荣到作为文化方针以促进文艺建设，其价值在新时代内涵更为丰富。在费孝通先生关于文化差异的解释中，"各美其美"是指不同文化中的不同人群对自己传统的欣赏，在互相欣赏的同时展现文化的包容，在互相交融时体现文化的传承。就民族文化来说，尊重差异、百花齐放、各美其美，有利于各民族文化在接受时代发展带来的现代文化和外来文化冲击中绽放出新的生命力与活力，有利于在多元文化的社会大环境中坚守中华传统文化，并根植于华夏子孙的血脉之中，内化为人生观、价值观与世界观的重要组成部分。在幼儿园的教育工作环境之中，幼儿园教师更将此作为教育实践的基本原则，在不跨红线的前提之下实现跨文化教育、跨文化交流。

2.取长补短、有效融合、美美与共

自赵灵王"胡服骑射"开启民族融合的先河之后，民族融合的改革在中国的历史中周而复始地出现。中国自古以来对民族的多元文化教育都有不同程度的重视，并出台相关民族教育政策以维护王朝统治，如明朝"推行王化、以变夷风"，在民族地区推行儒学；清朝"儒教日兴，而汉俗渐变"，对民族地区更为重视。此后，民族文化也不断地在教育中融合创新。如今，在新时代的中国，民族文化的融合也是新时代文化发展与创新的趋势之一，是提升中华文化软实力，有效传播中华文化的途径之一。身为幼儿教育工作者所要思考的是民族文化融合，"融合什么""怎样融合""实现什么样的教育效果"等问题，在此问题的基础上，对不同种类的文化进行吸收与重构，探索新的教育模式与方法，在有效传承文化的同时促进幼儿的健康成长。

"取长补短"出自《孟子·滕文公上》，泛指同类事物中吸取这个的长处来弥补那个的短处。在多元文化环境中的教育者更应如此，文化在发展的过程中所积累的经验并不是全部值得借鉴的，不同文化在不同地域所表现出的效果也可能会大相径庭。因此，民族地区的幼儿园教师在尊重各民族文化差异的同时，也应取长补短，有效地将优秀文化融入幼儿教育教学活动之中。民族文化教育的目的是增强民族地区幼儿的文化认同感与文化归属感，将新时代社会主义核心价值观根植于幼儿心中的爱国主义教育。民族文化的多样性给幼儿园教师的教育提供丰富的教育资源，使民族的多元体系教育逐渐形成中华文化的一体教育，这也是"美美与共"在民族地区学前教育中的核心体现。

（三）培养幼儿园教师多元文化素养的途径

研究发现，我国民族地区教师的多元文化素养整体上处于中等水平，还有较大提升空间。大多数民族地区教师缺乏跨文化教育教学的知识和能力，基于"文化自觉"，幼儿园教师首先将自己作为一个文化的反思者，将自己作为一个终身学习者，不断丰富自己的文化知识储备，回归到幼儿教育工作者的身份，以教学的角度探究从文化理念到教育实践的可行性，将自己作为一个文化的传承者，将优秀的文化传承给下一辈，将中华优秀文化永恒传递。

1.搭建文化交流平台，提高教师多元文化认同

民族文化本身就具有多元的特点，随着民族地区现代化发展和教师频繁流动等原因，使得教师文化观念与地方性民族文化观念可能产生矛盾。文化认同不仅是对本民族文化的认同，更是对中国各民族文化的认同，即对中华文化的认同。幼儿园教师对于民族文化的认同是对文化意义的探寻，是丰富自身文化价值观的过程，也是对多元文化知识储备和情感的依赖。加强幼儿园教师的文化认同，首要做到的便是逐步缓解因地域、观念等文化差异造成的文化冲突，提升幼儿园教师的文化敏感性，增强幼儿园教师的文化适应性。在此背景下，加强不同民族教师之间的

交流与合作，形成不同民族、不同地区幼儿园教师合力机制，是缓解民族地区幼儿园外来教师内心文化冲突，避免因文化价值观、信仰等的差异所造成的矛盾事件，加强民族文化认同的有效途径之一。

由于文化的适应与认同具有周期性，并非一蹴而就，因此，缩短幼儿园教师文化适应周期，加快文化认同进程少不了外力的加持，即一般由行政力量引导的外生性主导模式。一是由地方政府牵头，定期组织教师外出文化考察、参观活动等。此类活动多以初步补充幼儿园教师地方性风俗文化知识为目的，对本土人文风情有基本了解。二是由幼儿园组织的活动。此类活动多以加强教师之间的交流、交往，以此实现文化之间的交流、交往、交融。在建立健康的幼儿园教师交往机制，促进和谐园所氛围建设的同时，增强幼儿园教师对自身职业的理解，充分发挥自己的教育才能。

2.定期开展专题培训，增加教师多元文化储备

培训的开展是促进教师专业发展的重要途径之一，而今存在的幼儿园教师职前培养或职后培训中，往往将专业知识或专业技能作为培训的重点，忽略文化的内在意义，培训体系存在单一发展现象。将文化纳入教师专业成长的内涵之中，将文化素养归入教师专业培养体系之内，如定期开展专门的关于地区文化的专题培训等，以此来增加幼儿园教师相关的专业知识储备和能力提升。将相关文化素养划入幼儿园教师考核范围，以提升多元文化背景下的教学能力。在开展相关专题培训时，首先要坚持的就是在统一中彰显多样的原则，幼儿园教师所需要掌握的不仅仅是关于民族地区宗教信仰、地方禁忌、民族语言等基本基础的文化知识，还要学习具体的与教育对象相关的文化背景、国家关于民族地区教育所发布的相关政策文件等，如此才能更好地掌握理论，促进幼儿园教师正确文化价值观与文化价值取向的形成并应用于实践。

除了专业知识的储备，相关专业能力也是不可忽视的一部分，在职后教师培训中，根据民族地区教师多元文化知识和能力相对不足的现实困境及不同类型教师多元文化特征，有针对性地安排培训活动。一方面帮助教师消除观念方面的困惑，另一方面着重提升教师依据学生文化特征开展教育教学活动的能力、开发利用民族文化资源的能力、教育教学管理能力以及与学生家庭、社区互动的能力等。

3.推进园本课程建设,增强多元文化应用意识

随着新课程改革的深入,依托地方文化或园所文化生成地方课程或园本课程的趋势越发明显,且其教育价值也显而易见。开发具有民族特色的校本课程,一方面有利于加强学校课程内容与民族文化的联系;另一方面亦有助于促进教师主动了解民族文化和学生的学习特点与需求,进而促进其多元文化素养的发展。回归到园本课程建设本身来说,它不仅需要幼儿园有建设意识,更重要的是需要幼儿园教师有良好的文化知识储备与应用能力。从文化学的角度来说,教育是一种文化的过程,在如今多元文化相互交汇的时代,园本课程是将地方隐性文化外显并服务作用于教育对象的重要教育工具。从幼儿园教师专业发展的角度来说,园本课程的开发与建设是提升幼儿园教师主动挖掘课程资源意识与能力的手段,是推进幼儿园教师自身专业发展、提升幼儿园教师教研能力的途径,是幼儿园教师文化认同与文化知识储备作用于教育实践的体现。它时刻提醒着幼儿园教师带着"文化的眼睛"去挖掘文化资源、开发课程,在尊重复杂的文化背景前提下,使其教育具有文化性、社会性意义。

4.强化教师角色定位,提升教师多元文化自觉

作为内生性的行动,"自觉"更强调从自我出发,从内部出发。所谓育人先自育,这便是作为教育者的教育自觉。教育是文化的生命机制,民族文化传承需要教师的文化自觉,这是由教师的文化使命所决定的。教师塑造自己的文化自觉的能力,需要教师有明确的文化角色定位。在相同的教育实践中,民族地区的幼儿园教师往往承担着更多的角色,他们不仅仅是知识的传授者,源于地区的位置性,民族地区的幼儿园教师还承担着文化的理解者、反思者、实践者等多种角色的综合。

因此,作为民族地区的幼儿园教师,在做到自觉继承文化的前提下明确自身的角色定位,才能做到发展和创新文化的自觉。身为幼儿园教师,首先要增强文化敏感性,加深文化角色理解,即所属在何处、有何文化特点,自身于所在教学中处于何等位置、有何作用、如何发挥作用的问题。其次便是通过教育实践真切感悟角色使命,体会幼儿园教师所处文化角色的责任,增强文化角色精神。从对文化角色的理解到对文化

角色的内在精神感悟，逐步强化幼儿园教师在民族地区学前教育事业之中的角色定位。积极探索优秀文化资源，以使命承担当，为实现民族大团结、大繁荣作出自己的努力[①]。

第四节 推进内部课程建设

幼儿园内部建设和管理机制是在课程中有效应用本土文化资源的保障，完善的内部建设能够更好地推进本土文化资源在课程中的应用，但当前幼儿园对于本土文化资源应用于课程的内部建设尚不完善。

一、完善本土文化资源应用于幼儿园课程的体系建设

幼儿园应当根据自身实际情况制定切实可行的课程建设计划。将基于本土文化的课程理念与课程的核心内容结合起来，制定幼儿园基于本土文化资源应用的课程发展方向，在尊重幼儿的发展需要和学习特点的前提下，突出课程的本土特色。整合课程目标，根据幼儿的发展特点，制定具有内在逻辑关系的发展目标，以课程理念为指导，把握目标对幼儿的发展适宜性，考虑目标的设置。课程内容的设置要符合幼儿的生活经验，选择幼儿所熟知的内容，从幼儿日常生活中所能感受到、接触到的内容着手，由浅入深。制定科学的评价体系，评价对于课程的开发和实施具有重要作用，既要注重课程实施前的评价，也要关注活动实施过程中的评价，同时还要重视活动结束后的目标达成的评价[②]。

二、山海课程德育

幼儿品德教育在幼儿教育体系中占据着重要的地位，思考幼儿品德教育工作的具体组织与实施方法，总结品德教育过程中存在的问题，并对问题的解决措施进行讨论，这对于改善教学、优化教学成果有显著价

---

①李岑，高亮.幼儿园教师多元民族文化素养培育的路径探索[J].进展（教学与科研），2023（10）：41-43.

②李国梁.本土文化资源在幼儿园课程中的应用现状研究[D].西安：陕西理工大学，2023：45-50.

值。结合目前的教育实践分析可知，幼儿品德教育存在着教育资源内容少、教育教学方法单一等显著问题，这些问题的存在影响了多元化教育的落实，也影响了品德教育的实际结果，因此结合地区现状，积极开发乡土资源，使幼儿的生活要素和品德教育完美结合，这样，整体教育的推进效果会更加显著。

（一）乡土山海资源融入幼儿品德教育的价值

结合目前的教育实践作分析，在幼儿品德教育的组织开展中之所以要强调乡土山海资源的融入，主要是因为其具有六方面的突出价值：

第一，乡土山海资源的融入能够实现教学资源的丰富，这对于提升品德教育的实现效果有显著意义。结合目前的教育实践分析可知，教育资源是教育教学工作的重要倚仗，且诸多教学目标是蕴含在教育资源当中的，资源越丰富，蕴含的教育目标和内容越多，最终的教育实效会越好。乡土山海资源当中蕴含的品德教育的内容，强调其在幼儿品德教育中的融入，实现了教育资源的丰富。

第二，乡土山海资源在品德教育中的融入会改善目前的教育模式、方法，对提升教育效率有积极的意义。就教育方法的具体使用来看，其对教育资源存在着依赖性，比如在目前的幼儿园品德教育中，要利用生活化教学的方式，那么需要有能够让幼儿感悟生活的资源或者是场所，在资源或者是场所不足的情况下，生活化教学方法难以实施，其优势自然无法有效发挥。基于此，开发并利用乡土山海资源，从而使幼儿品德教育中的资源更加丰富，这样，能够依托资源利用的教学方法会更加多元。

第三，乡土山海资源融入品德教育，有助于增强情感体验和亲近感[①]。乡土资源包括自然环境、农田、乡村风物等，这些资源与幼儿的成长环境紧密相连。通过接触和亲近乡土资源，幼儿能够建立起与乡村环境的情感联系，培养对乡土的亲近感。在乡土资源的熏陶下，幼儿能够感受到大自然的美丽与恩赐，增强对环境的尊重和保护意识。同时，乡土资源也为幼儿提供了丰富的情感体验，如在农田中观察农作物的生长

①叶荣祯. 乡土山海资源融入幼儿品德教育的实践研究[J]. 语文课内外，2022（11）：19-21.

过程、感受四季的变化、体验劳动的意义等，这些情感体验不仅能激发幼儿的好奇心和探索欲，还能培养他们的情感共鸣能力、同理心和关爱他人的品质。

第四，乡土山海资源融入品德教育，有助于促进道德观念形成。乡土资源融入幼儿品德教育，可以提供丰富的品德教育素材和情境。在乡村环境中，幼儿可以观察到人们的互助合作、尊重长辈、关爱弱者等行为，从而形成积极的道德观念。例如，他们参与到家庭农场的活动中，可以了解农民辛勤劳作的辛苦和付出，懂得感恩和珍惜食物，培养对劳动的尊重和敬意。此外，幼儿在与乡村自然环境的互动中，可以体验到生命的循环、生态的平衡等，从而培养起保护自然和环境的意识和责任感。他们可以观察动物的生态习性，学习珍惜和保护动物，明白自己是自然的一部分，要与自然和谐共处。

第五，乡土山海资源融入品德教育，有助于激发想象力和创造力。乡土资源具有丰富多样的文化元素和传统手工艺，为幼儿的想象力和创造力提供了宝贵的滋养。例如，幼儿参与传统手工艺作坊，学习陶艺、编织等技能，不仅能培养他们的动手能力，还能激发他们的创造力和艺术天赋。同时，乡土资源中蕴含着丰富的民俗文化和传统故事，通过故事讲解和角色扮演，幼儿可以深入了解乡土文化，并发展自己的想象力和表达能力。这种创造性的体验和互动能够培养幼儿的创造思维和解决问题的能力，鼓励他们勇于尝试新事物。

第六，乡土山海资源融入品德教育，有助于培养社会责任感和公民意识。乡土资源教育有助于培养幼儿的社会责任感和公民意识。通过参与乡村社区的活动，幼儿可以体验集体的力量和社会的互助精神。例如，他们参与到义务清洁乡村的行动中，可以体验为乡村作贡献的价值和意义。此外，乡村社区经常举办各种公益活动和社区服务，通过参与这些活动，幼儿可以学会关心他人，并乐于助人，形成社会责任感。他们可以在志愿活动中体验到帮助他人的喜悦，理解到作为公民应承担的义务和责任。

(二)乡土山海资源融入幼儿品德教育的困境

1.缺少自然环境

目前,越来越多的幼儿生活在城市环境中,与自然的接触机会大幅减少,他们较少有机会观察到大自然的奇妙景观,也难以经常亲身体验大自然的魅力。缺乏与自然环境的接触,会使幼儿对自然环境的认知和理解变得模糊,也难以培养他们对自然界的热爱和保护意识。在这种情况下,乡土资源的融入变得困难,因为乡土资源往往与自然环境密切相关。例如,乡村的农田、田园风光以及丰富多样的动植物资源,都是培养幼儿品德教育的重要素材。然而,由于远离自然环境,幼儿难以真正感受到这些乡土资源的魅力和价值,乡土资源融入品德教育的效果也受到了限制。

2.家长意识淡薄

家庭是幼儿品德教育的第一课堂,家长在其中扮演着重要角色。然而,仍有很多家长对乡土资源融入幼儿品德教育的意识淡薄。他们可能没有足够的时间陪伴孩子,或者缺乏与孩子一起体验乡村生活的机会。这种情况下,幼儿与乡土资源的接触和体验将受到限制,影响了他们对乡土资源的理解和认同。同时,家长的淡薄意识也可能会导致他们在幼儿品德教育中忽视乡土资源的重要性,更加关注孩子的学业成绩和竞争力,而忽视了培养孩子的品德素养和对乡土资源的关注。家长的态度和价值观对孩子的教育有着深远的影响,如果他们不重视将乡土资源融入幼儿品德教育,孩子也将很难对此产生兴趣和认同。

(三)乡土山海资源融入幼儿品德教育的实施方法

1.参观农田,了解农业文化

利用乡土资源开展幼儿品德教育的实施方法中,参观农田和了解农业文化是一项重要的内容。通过参观农田和了解农业文化,幼儿可以亲身体验农作物的生长过程,了解农民的劳动和付出,并培养对农业的尊重和关爱。以下是一些具体的例子,说明如何在参观农田的过程中开展幼儿品德教育。参观农田是让幼儿近距离观察农作物生长过程的好机会。教师可以带领幼儿参观不同类型的农田,如稻田、果园或蔬菜园,让幼儿亲自触摸，感受农作物的茁壮成长。在观察过程中，教师可以引导幼儿提出问题，如"为什么农作物需要阳光和水"或者"农民是如何照料农作物的"。通过亲身参与和观察，幼儿会更深刻地理解农业生产的过程，从而培养对农民辛勤劳动的尊重和感激之情。

参观农田还可以引导幼儿了解农业科技的应用和农业的可持续发展。教师可以介绍农田中使用的先进技术，如温室大棚、水肥一体化等，通过实地观察和教师讲解，幼儿可以了解这些农业科技对提高作物产量、改善农田环境和节约资源的作用。教师可以在此基础上提出问题，激发幼儿思考，如"这些技术如何帮助农民增加收成"或者"它们对环境有哪些好处"。通过讨论，幼儿将明白科技的发展如何促进农业的可持续发展，培养对科技创新和环境保护的重视。除了观察和学习，还可以带领幼儿参与一些农田活动，与农民互动。例如，可以让幼儿体验农作物的种植或收获过程，了解农民的劳动和付出，如参与播种、浇水、除草或采摘等活动，亲身体验农民的劳作，并与农民进行交流和互动。通过与农民的接触，幼儿可以感受到农民的辛勤劳动和对农业的热爱，从而培养出对农民的尊重和感恩以及乐于助人的品德。

2.探索乡村自然环境,培养生态保护意识

第一，带领幼儿参观乡村自然景观，如森林、湖泊、河流等，让他们亲身体验大自然的美丽与神奇。教师可以引导幼儿观察并记录所见所闻，如不同季节的植物、鸟类、昆虫等。通过观察和记录，幼儿可以增加对自然的敏感性，并培养出对自然界的热爱和保护之心。例如，在幼儿发现野生动物的痕迹后，教师可以引导幼儿探讨如何保护这些动物的栖息地，从而培养幼儿保护动物和生物多样性的品德。

第二，组织幼儿参与乡村的生态保护活动，如植树、垃圾清理、环境整治等。教师可以向幼儿介绍环境污染和资源浪费对自然环境的影响，激发幼儿对环境的保护意识。例如，可以引导幼儿参与垃圾分类和回收，了解废物处理的重要性，学会保持环境的整洁与美观。通过亲身参与生态保护活动，幼儿将深刻体验到个人行为对环境的影响，并从中培养出爱护环境和促进环境可持续发展的品德。

第三，教师可以向幼儿介绍乡村资源的利用和可持续发展的概念。

例如，教师可以通过展示农田灌溉系统、太阳能发电设备等，向幼儿解释如何合理利用自然资源，保护环境。幼儿可以了解到农田灌溉系统如何节约水资源，太阳能发电如何减少人们对传统能源的依赖。之后，可以通过引导幼儿互动和讨论，思考如何在日常生活中节约能源，减少浪费。例如，教师可以与幼儿一起制订节约用水、节约用电等的行动计划，并鼓励幼儿在家庭和幼儿园中实践，使其逐渐形成良好的环保习惯。

3.参观传统手工艺作坊,组织乡村文化活动

第一，可以带领幼儿参观传统手工艺作坊，开展陶艺、编织、剪纸等活动。教师可以带幼儿到附近的传统手工艺作坊中，向幼儿展示和教授传统手工艺的技巧和方法，引导幼儿亲自动手制作手工艺品，如陶罐、竹编筐、剪纸作品等。在制作过程中，教师可以引导幼儿了解手工艺的历史背景、文化内涵和艺术价值。通过参与传统手工艺作坊，幼儿将体验手工劳动的乐趣，学会珍惜传统文化遗产，培养出耐心、勤劳和创造等品德。例如，在陶艺作坊中，幼儿可以亲手揉捏黏土，制作陶罐。在这个过程中，他们需要耐心和细致地完成每个步骤，体验到制作艺术品的努力和坚持。教师可以鼓励幼儿发挥想象力，设计自己的陶艺作品，培养幼儿的创造力和创作自信心。

第二，可以带领幼儿参与乡村文化活动，如传统节日庆祝、民俗表演、农民画展览等。教师可以邀请当地的文化艺术团体或社区组织，共同开展乡村文化活动，向幼儿展示传统文化的魅力。活动中，可以引导幼儿参与民俗表演，学习传统舞蹈、歌曲和乐器演奏等。在乡村文化活动中，幼儿不仅可以了解传统文化的内涵和历史背景，还可以通过参与表演和展示的方式，展现自己的才艺和表达能力，培养出自信和团队合作的品德。例如，在农民画展览活动中，幼儿可以参观展览，并与画家进行互动和交流，在教师和画家的指导下，尝试解读农民画作品的寓意和艺术特点，了解农民画的发展历程和文化意义。

第三，可以带领幼儿探访传统工艺师傅和乡村艺人。组织幼儿探访当地的传统工艺师傅和乡村艺人，了解他们的技艺和工作过程，可以让幼儿亲眼看见传统工艺的制作过程，了解其中的辛勤劳动和专业技巧。教师可以邀请工艺师傅和艺人向幼儿展示他们的作品，并与幼儿进行互

动和交流。通过与传统工艺师傅和乡村艺人接触，幼儿将深刻体会到劳动的价值和技艺的重要性，有效培养出敬业、专注和努力的品德。例如，可以带领幼儿探访竹编工艺师傅，了解竹编制作的技巧和艺术，在此基础上可以组织幼儿亲自尝试竹编制作，从选择竹材到细致编织，体验竹编的魅力和复杂性。在这个过程中，幼儿将感受到手工劳动的艰辛和耐心，学会珍惜传统工艺，并培养出细致、耐心和坚持的品德。

4.开展社会实践活动,培养社会意识与责任感

第一，可以开展自然探索和环境保护活动，如郊游、野外考察、植树造林等。在这些活动中，教师可以引导幼儿观察、探索和感受自然环境的美丽与奇妙，让幼儿可以亲身体验大自然的美丽，学习尊重和保护环境的重要性。教师也可以与幼儿一起清理垃圾并美化环境，培养出爱护环境和关心社区的品德。例如，在郊游活动中，可以带领幼儿前往附近的公园或乡村地区，观察植物、动物和自然景观。引导幼儿发现和记录所见所闻，并讨论如何保护这些自然资源。同时，可以带领幼儿参与植树造林活动，亲自动手种植树苗，感受植物生长的奇迹和自然的循环，以此培养幼儿保护环境与自然资源的意识与责任感。

第二，可以开展社区服务和公益活动，如志愿者活动、社区清洁等。通过参与这些活动，幼儿可以了解社区的需求和出现的问题，并积极参与解决方案的实施。在活动中，教师可以与幼儿一起制订行动计划，鼓励他们思考如何为社区做出贡献，培养出关爱他人、乐于助人等品德。例如，在社区清洁活动中，可以引导幼儿戴上手套，带上垃圾袋，参与垃圾清理的工作。在此过程中，引导幼儿认识到垃圾对环境和社区的危害，讨论如何正确分类垃圾和妥善处理废物。在清洁活动中，幼儿将学会尊重环境和他人的劳动成果，培养出一定的社会责任感和社会意识。

综上所述，通过对乡土山海资源融入幼儿品德教育的探讨，可以看到乡土山海资源在培养幼儿品德素养方面的重要性和潜力。乡土山海资源不仅能提供丰富的学习内容和体验机会，还能激发幼儿的兴趣和热情，促使他们积极参与和探索。通过参观农田，了解农业文化，探索乡村自然环境，培养生态保护意识；通过参与传统手工艺作坊，组织乡村文化活动，以及开展社会实践活动，培养社会意识与责任感等方法，幼儿能够在亲身体验中培养品德品质和正确三观[①]。

在现阶段的幼儿园德育教学中，丰富教育资源可以让德育教育的整体效果显著提升，所以基于教育资源的丰富展开讨论与研究有突出的现实价值。以上对现阶段幼儿德育教育实践中乡土山海资源融入的突出价值进行分析，并就教育实践中乡土山海资源的具体融入措施和方法等展开了讨论，同时思考现阶段幼儿园教育工作推进中需要考虑的内容，最终的目的是要对当前幼儿园教育形成科学指导[②]。

三、山海课程美育

美育是幼儿成长过程中不可或缺的教育内容，对幼儿实施有效的美育可以帮助幼儿打开美的视野，美化幼儿的生活世界，丰富幼儿的精神世界，让幼儿在耳濡目染中保持身心健康并全面发展。笔者所在的幼儿园对本园教师提出了根据本土特色文化资源合理开发幼儿美育课程的建议，为此，笔者就如何利用本土文化对幼儿进行美育的问题展开思考，提出具体可行的实施策略，以供广大幼儿教师参考。

本土文化是幼儿在一定地域范围内生活的组成部分，将本土文化融入幼儿美育，能够有效引发幼儿对本土文化的关注，促进幼儿审美素养的形成。

（一）本土文化融入幼儿美育的必要性

文化具有很强的渗透性，可以影响人的发展。《幼儿园教育指导纲要（试行）》指出，幼儿园应充分利用社会资源，引导幼儿实际感受中华文化的丰富与优秀，感受家乡的变化和发展，激发幼儿爱家乡、爱祖国的情感。这正好为本土文化融入幼儿生活和学习奠定了基础。本土文化对幼儿美育的影响主要表现在以下两方面：

一方面，本土文化有助于培养幼儿的审美能力。比如，笔者所在的幼儿园地处福建省宁德市霞浦县，霞浦县的滩涂摄影、畲族风情、沙江曳石、中秋糖塔等本土文化以霞浦人民的勤劳、包容为主题，无不体现

[①]张婉云. 关于乡土资源融入幼儿品德教育的探讨[J]. 家庭教育研究，2023（10）：77-79.

[②]叶荣祯. 乡土山海资源融入幼儿品德教育的实践研究[J]. 语文课内外，2022（11）：19-21.

着霞浦人积极、乐观、向上的生活态度以及对美好生活的向往和追求。笔者以霞浦县最具特点和知名度的滩涂摄影为契机，激发幼儿的学习兴趣，丰富幼儿对摄影美学的感知和体验，进而培养幼儿感知美、发现美的能力，引发幼儿对当地其他文化的关注。

另一方面，本土文化有助于养成幼儿的兴趣爱好。本土文化涉及范围广，表现形态多样，幼儿在不断接触和了解本土文化的过程当中不仅会产生精神上的共鸣，而且可以发掘自己的兴趣爱好。比如，霞浦县光影魔幻、潋滟动人的滩涂摄影，自由奔放、不落俗套的畲族服饰纹样，色彩艳丽、栩栩如生的糖塔造型等，这类风格多样的本土文化审美教育资源会让幼儿产生愉悦的情感，教师可以从中发掘幼儿感兴趣的点，培养其兴趣爱好，这也有利于本土文化的发扬与传播。

(二)本土文化融入幼儿美育的实施策略

1.提高教师本土文化美育教学水平

目前，很多幼儿教师还不是很理解本土文化，在进行本土文化课程设计时，一般会选择从网上直接搜索资料作为课程内容，或者参照其他幼儿园设计的园本教案。这种拼凑式的、缺乏创新的本土文化课程只是教师对本土文化的含糊概括，没有考虑本园实际情况，导致审美教育效果不尽人意。因此，本土文化审美教育在幼儿园的实施不仅需要增加教师自身知识储备，提高教师自身教学能力，还需要引进社会资源进行补充。比如，幼儿园可以将当地优秀文化的传承者以及文化名人请进幼儿园，建立专业人才资源库，请专业人士为幼儿讲授本土文化的发展历程、学习技巧以及使用价值，在加深幼儿理解的同时，丰富本土文化课程内容，提高幼儿美育教学效果。

2.营造本土文化美育环境

《幼儿园教育指导纲要（试行）》明确指出，环境是重要的教育资源，幼儿园应通过环境的创造和利用有效促进幼儿发展。因此，要想让以本土文化为依托的幼儿审美教育取得理想的效果，幼儿园应该着眼于幼儿与环境的互动，从儿童视角创造具有本土文化特色的园所环境，让幼儿在潜移默化中受到本土文化的熏陶，提高对家乡文化的认同感。

3.根据幼儿兴趣和发展需求开展多样化教学活动

国务院办公厅印发的《关于全面加强和改进学校美育工作的意见》中明确指出，幼儿园美育必须通过开展适合幼儿身心发展的活动来培养幼儿美好、善良的心灵，使其拥有珍惜美好事物的意识，然后通过自己的方式去发现美和创造美。因此，幼儿教师在实施本土文化审美教育课程时应该遵循幼儿身心发展规律，根据幼儿的兴趣和发展需求开展多样化教学活动，促使本土文化与学前教育深度融合。

第五节　创新课堂教学方法

一、基于儿童立场的山海课程教学方法

在目前的幼儿教育工作组织开展中，积极强调乡土山海资源的开发和利用，这对于全面改善教育实效等有突出的现实价值。结合目前掌握的资料进行分析，要让乡土山海资源真正地融入到幼儿教育工作实践中，需要在教育组织开展的过程中强调如下内容。

(一)建设乡土资源库,让活动资源更加充实

对目前的幼儿园教育工作进行总结分析发现，幼儿园在教育工作落实的过程中存在着经费不足、教具单调匮乏等显著问题，构建乡土资源库可以有效地解决上述的问题，从而使幼儿园教育工作有更好的结果。就乡土资源库的具体建设来看，可以结合现阶段幼儿教育工作实践中建立的实验基地，结合行动研究内容，积极地挖掘乡土资源，并对教育环境进行创设，同时还可以进行多元园本课程的开发。通过这样的方式构建乡土资源库，最大限度地支持和满足幼儿园通过直接感知、实际操作和亲身体验获取经验。

在我们的生活中总是会出现一些能够带给我们新奇想象的事物，比如枫叶，其从外形上来看像手掌，其颜色随着季节的变化也随之变化。在教育工作组织开展的过程中，教师可以利用先声夺人的方式抛出一个

问题，引发孩子们的好奇心，比如教师直接告诉孩子们："今天我给你们带了好东西，你们猜猜是什么。"在孩子们踊跃说出自己心中想法的时候，老师拿出枫叶，并让孩子们辨认："是什么？"因为枫叶特殊的外形，能够引起孩子们的关注，孩子们的注意力在课堂上得到了集中。在孩子们讨论新奇事物的时候让孩子们思考事物的出现地点，并基于该地点组织开展一系列的活动，这样，利用孩子们的好奇心，使其发现身边存在的资源，同时教师对资源进行汇总，这样可以使教育资源更加丰富。

不同地区的幼儿园所处的环境是不同的，而不同环境中可以被利用的乡土山海资源也是不尽相同的。在目前的幼儿园教育工作开展中，各个幼儿园可以基于自身地理位置等进行乡土资源的广泛搜集，并整理出与海洋文化、山林文化、历史文化以及农家文化等相关的内容，并基于不同的类别对搜集到的资料进行建档、管理，这样，幼儿园便会构建内容具有科学性、管理有序性且能够被广泛利用的乡土资源库。分析并讨论乡土资源背后所蕴含的教育价值，并在幼儿教育工作组织开展的过程中将乡土资源在教育实践中进行应用，从而生成幼儿园活动，这样，乡土资源和幼儿教育的融合表现会更加突出。

（二）生成主题课程，让乡土资源活起来

通过不断的搜集和整理，乡土资源库会逐渐丰富。那么，如何有效利用乡土资源库便成为摆在幼儿园教师面前的主要问题。基于《3—6岁儿童学习与发展指南》的具体要求考虑幼儿的生活经验以及兴趣需要，引领教师和孩子们走进大自然、大社会，并实现就地取材，这样可以构建更加富有特色的幼儿园主题课程。以霞浦县乡土资源的具体利用为例进行分析。霞浦县是一个集合了旅游、娱乐和居住的小县城，对于居住在霞浦县的孩子来讲，他们对这里的环境比较熟悉，有一定的了解和体验。在教育工作开展的过程中，带领孩子们走进霞浦景点，让孩子们走进高罗海滩、杨家溪枫叶、东安鱼排等，并在活动过程中通过简单测量、体验和记录的方式让孩子们进一步了解霞浦县。在回到课堂后，教师与孩子们一起分享体验所得，并在活动区域内进行相关材料的投放，同时引导孩子们通过绘画、建构以及表演等方式来展示自己在霞浦县的所见与所感。

结合目前的幼儿园教育实践作分析，利用各类教育资源组织幼儿自主游戏的重要方式之一是区域游戏，在《3—6岁儿童学习与发展指南》目标体系的引导下，从各个年龄段孩子的实际需求出发，将蕴含教育目标的乡土资源、材料等投入到幼儿园的活动区域，并设计开发各领域的游戏、活动，这样可以实现活动主题的丰富，也能够让幼儿园的课程特色性表现更加突出。

（三）打造专题工作坊，实现乡土民俗文化传承

在幼儿园教育工作的组织开展中，如何将乡土山海资源融入其中并实现文化传承，这也是教师们需要重点思考的内容之一。就目前的研究来看，基于乡土民族文化传承的目标进行专题工作坊的打造是非常必要的。比如在目前的幼儿园教育中，可以划分不同的活动区，如和泥区，孩子们能够在这个区域选择合适的陶土并进行筛选，同时经过加水和醒发之后，最终会获得软硬适中的陶泥；在制作区，孩子们能够利用柔软的陶泥进行不同姿态的作品制作；在雕刻区，孩子们能够基于自己的兴趣爱好和擅长的内容在陶器上进行花纹的刻画；在打磨区，孩子们能够利用海绵、砂纸等对陶器制品进行打磨。整个活动的开展是基于陶器的制作来进行布置的，在活动过程中，孩子们亲身参与，能够对制陶这一项民族文化有深刻的体验。

从现阶段掌握的情况来看，社会实践中和制陶相似的乡土民族文化以及非遗传承项目是非常多的，而且各个地区均有项目分布。在幼儿园教育工作开展的过程中，可以利用当地的乡土文化资源对儿童教育课程进行改革与创新，可以选择幼儿比较感兴趣或者是能够提供良好教育效果的民俗文化项目，让孩子们参与其中，比如剪纸、编织以及造纸等均可以作为体验性课程在幼儿教育教学中进行利用。针对不同的民俗项目，总结其工艺流程，并基于工艺流程进行活动区域的布置，同时引导幼儿通过参观—体验—亲手操作—展览等方式让孩子们加深对乡土民俗文化的印象，并投身于积极探索的队伍当中。这样，孩子们对家乡民俗文化的了解会更加深刻，民俗文化的优秀价值蕴含会成为孩子们教育的重要内容。

（四）强调自然生态构建，丰富户外游戏

从心理学角度进行分析，幼儿园阶段的小朋友属于心理活跃期，对没有接触过的事物有强烈的新奇感，而且总是想要尝试自己不经常接触的内容。对于城市生活的孩子来讲，农家活动对他们的吸引力是比较强的，所以在幼儿教育工作开展的过程中，可以将"农家乐"搬进幼儿园，实现其户外自主活动的丰富性。以某幼儿园为例进行分析。为了让孩子们真实地感受农村的劳动场景，幼儿园专门打造了"农家乐"游戏活动区域，目的是让孩子们在真看、真听、真感受的基础上获得良好教育，这样的方式丰富了户外游戏的内容和形式，为幼儿园的课程改革深化提供了思路。

对幼儿的学习进行分析，其学习是以直接经验为基础，并在游戏和日常生活中进行的。在幼儿户外游戏的组织开展中对教育环境进行创设，提供更加丰富的操作材料，这对于促进幼儿学习有积极作用。目前，基于乡土山海资源开发和利用的具体要求让各个幼儿园实现特色资源的深挖，并从幼儿整体发展的角度对幼儿园的环境进行改造，实现安全、自然、开放、富有挑战的游戏环境营造，这样可以让幼儿在游戏过程中获得更好的体验，最终的教育效果也会有显著性提升。

二、基于儿童立场的山海课程教学反思

基于上文的分析可知，在幼儿教育工作的组织开展中，强调教育资源的丰富是非常必要的。结合目前乡土山海资源融入幼儿教育工作进行分析，要真正实现特色乡土资源在教育中的融入，需要思考如下问题。

第一是幼儿教育需要什么。从目前的教育实践入手进行分析，幼儿教育是非常重视体验的。幼儿的思想不成熟，在教育过程中不可能长篇大论地摆事实、讲道理，所以在教育组织的过程中，要选择更容易让幼儿接触的内容。因为幼儿具有强烈的好奇心，让其在好奇心的驱使下获得自我感知与体验，教师在孩子们体验的基础上进行干预和引导，这样会让幼儿园教育的实际效果更加突出。简言之，在幼儿园教育的过程中，明确幼儿教育需要什么，这对于开展针对性教育工作有积极意义。

第二是在幼儿园教育的过程中需要掌握资源的使用方法。在幼儿园

教育工作组织开展的过程中，教师需要掌握教育资源的科学应用方法，这样可以让教育资源的作用发挥得更加突出。以乡土资源的利用为例，在实践中要保证乡土资源的优势发挥，需要明确乡土资源的特色，要对乡土资源蕴含的内容有清楚的了解，这样，在教育活动中，乡土资源的应用会恰如其分，其价值发挥会更加的突出[1]。

第六节　营造社会文化氛围

一、国家加大对本土文化资源应用于幼儿园课程的重要性宣传

国家对于本土文化资源的传承和发展发挥着重要的导向作用，国家的重视推动了本土文化资源在幼儿园课程中的应用，要在全社会营造出重视本土文化传承的氛围，让更多的人认识到本土文化资源应用于幼儿园课程的重要性。

首先，加大宣传，动员全民重视。充分利用网络资源平台，发挥新媒体技术与教育的融合，营造浓厚的社会氛围。比如利用公益广告、纪录片、影视、综艺等形式多途径多角度宣传本土文化资源的魅力以及对教育的重要价值，让更多的人认识到本土文化资源应用于幼儿园课程中对幼儿成长、对课程建设、对社会发展的重要性。

其次，利用社区及其他公共资源向社会大众进行宣传。社区也是幼儿园重要的资源，《规程》中指出："应充分利用家庭和社区资源，丰富和拓展幼儿园的教育资源。"[2]社会氛围的营造，离不开社区的支持、配合，充分利用社区及幼儿园周边其他社会公共资源，比如一些公共场所、博物馆、图书馆、儿童活动中心、商场等，可将文化元素融入进去，引起更多人的重视，让幼儿和家长有更多的机会接触认识本土文化资源。当地社区可以邀请民间艺人和专家学者定期开展讲座，对本土文化资源

---

①叶荣祯. 乡土山海资源融入幼儿品德教育的实践研究[J]. 语文课内外，2022（11）：19-21.

②中华人民共和国教育部. 幼儿园工作规程[M]. 北京：首都师范大出版社，2016：55.

的内容、形式、历史背景等进行宣传，激发更多人对文化的兴趣，感受文化的魅力，让更多的人了解历史悠久的本土文化资源。

二、政府加强对本土文化资源应用于幼儿园课程的专项性指导

霞浦地方政府可以对当地幼儿园本土文化课程资源建设开展专项性指导。首先，加大财政投入。财政投入是将本土文化资源与幼儿园课程相结合的重要保障，政府可以划拨更多用于幼儿园开发霞浦本土文化资源的专项经费，为幼儿园课程建设、本土文化挖掘、专业培训研讨，提供足够的人力和财力的保障。

其次，设立专项经费。对于一些将本土文化应用于幼儿园课程做得较好的幼儿园，可以实行奖励机制，给予表现突出的幼儿园一定的奖励，以此来调动幼儿园管理者和教师将本土文化资源应用于幼儿园课程的积极性。也可以对其他幼儿园产生示范作用，激发区域内各个教学单位开发利用本土文化资源建设幼儿园课程的积极性，以此在全社会范围内营造挖掘本土文化、重视本土文化、弘扬本土文化的良好氛围。

最后，地方政府建立霞浦本土文化资源库。为各个幼儿园利用本土文化资源开展课程活动提供一定的便利，教师在实施活动之前，可以提前进入资源库中搜索相关资料，不仅可以节约教师时间，库中的资源还可以反复使用，使霞浦本土文化资源应用于幼儿园课程活动的外部机制更加完善[①]。

第七节 开发家园共育模式

家园合作是促进幼儿园课程建设的有效手段，幼儿园在做好园内相关教师的管理与培训的同时，不能够忽视与家长之间的合作。本土文化资源应用于幼儿园课程活动中，不能仅仅依靠教师完成，尤其教师的文

---

① 李国梁. 本土文化资源在幼儿园课程中的应用现状研究[D]. 西安：陕西理工大学，2023：45-50.

化素养和本土文化知识储备有限，要充分利用好家长资源，提升本土文化资源在幼儿园课程中的应用效果。

一、家园共育的定位

（一）家庭氛围对幼儿个性发展的影响

良好的家庭氛围是和谐社会的要求，更是儿童健康成长的需要。以下主要从家庭氛围对幼儿教育的作用为主要的研究方式，通过对幼儿教育、家庭氛围等相关理论的阐释，探讨如何建立良好和谐的家庭氛围，为幼儿的健康成长提供积极的条件与环境，使家庭成为儿童健康成长的乐园。

1.关爱与鼓励必不可少

家庭教育离不开爱心、关怀、理解、谅解等内容，家长对幼儿进行教育时，要全面渗透爱心，让幼儿感受到父母的关心，这对幼儿健康个性的形成有一定的帮助。家长习惯通过孝德故事教育幼儿，也喜欢在生活中教育幼儿学习礼仪，这是最为普遍的教育形式。为了让幼儿有更真切的感受，家长不妨与幼儿进行互动游戏，或者让幼儿观看一些爱心主题动画片，让幼儿自觉接受爱心教育，形成健康的人格。培养幼儿的爱心，是家庭教育的核心追求，也是培养幼儿个性思想的重要基础

亲情关爱是家庭教育需要直面的问题，幼儿年龄小，但对亲情比较敏感。正因为有亲情的关联，才会让很多幼儿产生严重的依赖心理，这对培养他们独立生活习惯是不利的。家长在对幼儿进行养成教育时，需要摆正心态，既要培养幼儿的爱心热情，又要避免溺爱、娇惯幼儿。如幼儿有自己的玩具，当其他小朋友来家里玩时，有的幼儿会分享自己的玩具，有的幼儿就不会这样做。这时，家长需要抓住教育机会，给幼儿讲解分享的道理，让幼儿建立正确的思想认知。当幼儿学会分享玩具了，其心理便产生了更多的觉醒，其爱心也会逐渐长大，并对其整个人生产生重要的影响。家长还可以通过爱心故事对幼儿进行教育，让幼儿观看相关的影片或视频，也能促进幼儿爱心的建立。家庭成员要达成更多的教育共识，不能让幼儿"无所适从"，每一个人都讲自己的道理，对幼儿的成长是极为不利的。

2.家长要不断提高自身文化素养

父母是孩子学习、模仿的榜样，孩子的言行是父母言行的写照，孩子的品德是父母品德的折射，父母的行为习惯和文化素养对孩子的行为举止、思想认识乃至个性形成具有潜移默化的影响。父母不仅是孩子的衣食父母，也是孩子的精神寄托，父母做在前，孩子跟在后，不用多说，也不用教，近朱就赤，近墨就黑。所以父母的素质有多高，孩子的前途就有多远。这就要求作为父母，在为家庭付出的同时，也要不断提高自身的文化素养。

文化素养的提升有助于家庭构建良好的文化氛围：有文化，讲道理；素养高，走正道；说话有根据，办事讲方法。这种充满正能量、充满和谐氛围的家庭，对培养孩子良好的行为习惯和提高修养与认知能力都有积极的作用。一个酗酒赌博、不务正业的父亲，一个手机不离手、脏话不离口的母亲，再加上一个经常打架的家庭，不仅仅是破坏了孩子的生长环境，更是对孩子的思想、个性产生严重的不良影响。本园幼师王彬彬在对所任课班级将近一个多月的观察与调查后发现，凡是平时没规矩、说话大声嚷嚷的孩子，他们的父母都是行为随意性强、说话粗声大气的人；而那些规规矩矩、举止文雅的孩子，家庭成员多数都是讲道理、有涵养的。此外，父母在教育孩子的过程中，要树立科学的思想，运用科学的方法。由于家长对孩子的影响是直接而显著的，因此家长想让孩子朝哪个方向发展，自己就应该在那一方面比较优秀，至少做得比较好，这样才能为孩子提供正确的教育方法。陈鹤琴先生曾在《怎样做父母》一文中这样说道，要想将花朵成功栽好，需要详细了解栽花的方法和技巧，教育孩子同样如此。

3.尊重幼儿,促进个性成长

幼儿虽然年龄小，但也有自己的个性认知，家长不能无视幼儿的诉求，也不能忽视幼儿的自尊，要与幼儿建立平等的关系。幼儿是家庭的一员，家长要经常征询幼儿的意见，表现出尊重和重视，这对培养幼儿良好的参与意识有重要帮助。幼儿从小便参与家庭会议，对培养幼儿的独立性也有一定促进作用。家长与幼儿做朋友，也能拉近与幼儿的距离，确保家庭教育措施的顺利实施。家庭教育要注意剔除"家长制"意识，创设平等的关系，这是至关重要的。

幼儿有独立的思维，不管年龄多小，都是鲜活的生命体，有个性的追求，家长要尊重幼儿，和幼儿展开平等对话，认真倾听幼儿的建议，即使幼儿的话没有太多的道理，或者存在不合理的地方，家长也应理性对话。幼儿在家庭中被尊重，会建立尊重人的意识。有些幼儿到幼儿园会表现出畏惧心理，这说明其在家庭中往往没有发言权，始终处于从属地位。这样的幼儿大多缺少创造力，其思维有一定的缺陷。因此，家长对此要高度重视，努力培养幼儿的独立意识，锻炼幼儿的生活能力，为幼儿的长远发展尽心尽力。如果什么事情都由家长代劳，幼儿便失去了成长的机会。如有的幼儿会表现出蛮横态度，自我中心意识强烈，这说明尊重教育走向了另一个极端，既让家长失去了尊重教育的主动权，也会让幼儿形成严重的性格缺陷[①]。

（二）家园互动在学前教育中的重要性

《3—6岁儿童学习与发展指南》认为，学前教育工作不仅是幼儿园的责任，也是家庭教育的责任。因此，目前的学前教育在做好幼儿园方教育工作的同时，也要高度重视家庭教育工作，构建家园共育、创造家园互动的新形式。文章讨论了家园互动在学前教育中的重要意义，分析了在学前教育中创设家园互动新模式的方法，以助力学前教育的全方面发展。

在学前教育中，家长是幼儿园最好的合作伙伴，积极开展家园共育，探索全新的家园互动路径，构建家园双方的联动活动，是创设良好学前教育环境的重要路径，能够给幼儿提供一个完整且温馨的成长环境，让幼儿在教师与家长的共同努力下快乐成长。因此，新时代背景下的学前教育必须落实家园互动，相互配合、同步教育，达成提高幼儿素质的教育目标。

1.学前教育中家园互动的重要性
（1）促进家长与教师的心灵沟通

家园互动是教师与家长心灵沟通的重要渠道。家长与教师是幼儿在成长路上最重要的引路人，但双方在学前教育中所处的位置不同、与幼

儿的关系不同、观察幼儿成长过程的时空条件不同、自身教育素养不同，所以在面对幼儿时，也会采取不同的教育思路，甚至在面对幼儿、与幼儿交流或给幼儿的行为进行评价时，双方的看法也不同。

新时代的教育理念倡导幼儿的全面发展、综合发展，让学前教育成为让幼儿学做人、带幼儿看世界、教幼儿学方法的人生课堂。所以，在与幼儿交流并开展学前教育时，无论是教师还是家长，都要从客观的角度了解幼儿当前的成长状况，对幼儿的行为能力及素养作出全方位且客观、公正的评价，了解幼儿的学习状况、成长进度，关注幼儿在学习或参与各项活动时一点一滴地进步，给幼儿最及时的激励。在幼儿出现认知错误、情感误区时，要及时分析内在原因并及早干预，让幼儿成长为一个人格健全、内心丰富的优秀儿童。

家长与教师需要深入沟通，了解幼儿行为的特征，但受限于双方在教育中缺失了对方那一部分视野，教师不了解幼儿在家的学习情况，家长也不了解幼儿在幼儿园都参与了哪些活动。此时，家园互动正是教师与家长进行心灵沟通、互通有无的核心渠道。双方在互动过程中可以交换立场，站在对方的视角上考虑问题，不仅能正确看待对方的育儿方法，还能理解对方、体谅对方，使双方在合理的互动之下达成深度合作，构建一个可供幼儿健康成长、快乐生活的学前教育环境。

（2）构建育儿经验的交流园地

有许多幼儿家长没有过多的育儿经验，也没有认真学习科学的育儿理念，更多是在摸索中积累经验，费心劳力。但在家园共育视野下，开展家园互动，提高家庭与幼儿园的联络频率与互动效果，能给教师与家长提供多样性的交流渠道与互动方法，可以以更灵活的形式鼓励家长与教师间交流讨论育儿经验、分享教育方法，让家园互动成为育儿经验的交流园地。双方在讨论、交流、学习探索的过程中，可以寻找到更适合幼儿健康发展的教育思路。

（3）引导家长参与幼儿管理活动

以幼儿园教师为主导积极开展家园互动，是引导家长参与到幼儿园管理活动的有效途径。家园互动是联系家长与幼儿园的主要渠道之一，也是家长了解幼儿园日常活动及生活状态的重要手段。在家园共育背景下，幼儿园应鼓励家长积极参与到幼儿园日常管理当中，尝试让家长成为管理制度的制定者与执行者，如调查幼儿家庭状况，在尊重家长个人意愿的基础上，邀请家长发挥个人专长，积极、踊跃地参与到幼儿园学前教育管理工作当中，实现家园共管共育，并通过高效率、高频率、高质量的家园互动，实现家园共育的协调一致，进一步提高家园共育的执行效果。

（4）增进家园沟通与亲子情感

构建高质量的家园互动活动可以改变传统教师、家长与孩子的三方交流途径。教师要全面创新教育理念，改变传统的家长会形式，让幼儿园开放日不再流于表面，发挥出其真正的价值，引导家长进一步了解幼儿一日生活的具体内容，了解幼儿园一日活动的根本目的。

教师可以通过邀请家长到园，使家长与幼儿一同参与亲子活动的形式，让家园双方达成有效的互动与沟通，深度了解对方的工作内容与工作价值，并利用亲子活动增进家庭情感，让家长陪伴在幼儿身边，与幼儿一同成长。在此过程中，家长可以观摩幼儿园的教育方式，生成正确的育儿观念，了解幼儿教育的具体目标及有效方式，掌握幼儿在成长过程中各项能力的增长情况，并深刻认识到在学前教育过程中为幼儿创设良好教育环境的重要意义，在家园互动中掌握正确的家庭教育方法，愿意积极、主动地与幼儿亲近，增进亲子情感。教师也可以通过家园互动，了解幼儿在家庭的各项表现，掌握幼儿的能力发展情况。同时，教师还能深入挖掘来自家长的教育资源，引导家长成为学前教育活动的组织者、参与者或实施者，继而丰富学前教育模式，提高学前教育质量。

2.学前教育中的家园互动新策略

（1）拓宽互动渠道，创新家园联络方式

新时代的学前教育要引入信息技术，打造信息化教育环境，积极发挥出信息技术多渠道、信息共享以及实时通信等优势，将其用于家园互动当中，给家长与教师的联络提供新方式。

首先，幼儿园可以构建官方网站或微信公众号，并在其中开设多个子栏目，如家长信箱、育儿信息推送、幼儿营养健康、学习园地等。其中，家长信箱用于接收家长对幼儿园教育工作的建议；育儿信息推送以科学的育儿理念、先进的育儿方法为主，旨在帮助家长树立正确的育儿思想，使其了解家庭教育重要性，能以科学合理的方式，根据幼儿当前的成长现状开展有效的家庭教育工作，为幼儿的健康成长构建良好的家庭环境；幼儿营养健康栏目以食育为主，包括不同年龄段幼儿的科学饮食策略、运动健康计划等；学习园地栏目将上传幼儿在园内的各项学习活动过程或学习成果，如主题类美工课的记录视频、图片以及幼儿在美工活动中最终制作的成品展示。

上述子栏目中的信息推送可以让家长了解幼儿园的教育方法以及教育效果，给家长提供了反馈、建议的渠道，有助于实现家园互动。值得注意的是，幼儿园设置的官方网站或微信公众号中设置的每一个栏目与模块都要基于本园的园本化课程设计、办学理念等，展示出幼儿园教育的真实情况。

其次，传统的家园互动模式多为家长会、家长日以及电话联络，导致家园互动的沟通频率有限。使用信息技术后，教师与家长的联络会更加通畅。在交流渠道选择方面，教师和家长可以共同商讨，选择一个应用频率最高的实时通信软件，如微信、QQ或钉钉等软件均可，在软件内组建家长群，保证教师可以在第一时间联络到幼儿家长。在日常的执教工作中，教师也要时常与家长保持联络，定期分享幼儿在幼儿园表现，告知家长本阶段的教育重点、主题，或是幼儿的综合能力成长状况，与家长一同制订下一阶段的家园共育计划等。家长也要通过联络群，积极与教师联系，告知教师幼儿在家里的表现或向教师提出一些教育方法等意见。

（2）转变家长观念，促进家园深度交流

《3—6岁儿童学习与发展指南》是学前教育的指导性文件，既能指导幼儿园开展保教工作，又可指导家庭教育。在家园互动过程中，幼儿园作为主导者肩负着主要任务，向家长普及科学的教育观，转变家长的教育理念，拓展家园互动模式，引导家长与幼儿园深度交流、有序沟通。幼儿园要在《3—6岁儿童学习与发展指南》的引领下，为家长讲述科学的教育方法。教师可以采用故事法、案例法等为家长讲述新时代的学前教育理念及科学、可行、高效的学前教育方法。与此同时，分析幼儿的成长特征以及家长在家园共育方面的表现，对个别家长进行一对一的深度约谈，针对性地解决家庭教育中存在的各种问题。

除此以外，幼儿园还可以定期发放调查问卷，调查各幼儿家长在学前教育阶段最关心的问题、家长认为幼儿在成长中存在的不足，以及家长对家园互动提出的期望等内容。在汇总分析后，寻找幼儿在成长过程中存在的共性问题、家庭教育中的常见问题，并举办育儿经验分享会、育儿沙龙等小型活动，邀请多名家长共同讨论，最终解决问题，帮助家长树立正确的育儿观。

（3）组织线下活动，创新家长开放活动

在家园互动方面，除了线上教育以外，还要积极组织各类线下活动，如组织家长开放活动，邀请家长到幼儿园，引导家长观察幼儿在幼儿园的真实学习情况、游戏过程与生活环境，使家长进一步了解幼儿在幼儿园内的各方面表现，让家长在参观幼儿园教育的过程中了解教师的执教方法、引导形式以及支持策略，让家长开放日成为教师展示自身专业素养的重要手段，以此提高家长的教育能力。

幼儿园在使用信息技术构建家园互动渠道，并在线上为家长推送育儿经验、育儿策略时，还要积极组织各类线下教育活动，根据幼儿的年龄特征、成长发育情况以及家庭教育过程中的不同需求等内容，定期组织线下现场教学活动，聘请学前教育领域的专家学者到园授课，为家长讲述幼儿健康营养、亲子关系维护、家庭教育方法等专业知识，也可邀请优秀家长讲述育儿心得以及家庭教育方面的核心理念，让家长在线下活动中学习新知识、讨论教育方法、分享教育策略，构建"线上+线下"的联动讲堂，为家长提供科学且具有针对性的家庭教育建议。

（4）优化组织架构，发挥团体力量作用

为进一步提高家园互动在学前教育中的应用价值，幼儿园还可成立家长委员会或成长助教团，引导家长自我管理，并突出家庭与幼儿园的合作互动。家长委员会能够解决部分家长工作较忙，很难空出大量时间参与家园共育会议或各类线下活动的问题。在家长缺席互动活动后，由家长委员会传达活动主要内容、主要思想即可。成长助教团则改变了传统教师主导、指挥家长仅需配合即可的家园共育策略，更强调双方的合作与互动，双方都可成为活动发起者、活动方案制定者与活动执行者，共同参与学前教育活动的制定、实施、评价的全过程，发挥团体力量的作用，让家园互动更有效。

（5）联动社会资源，培养幼儿综合素养

家园互动是建立在家园共育基础上的一种交流模式，而在家园共育中，除了家长与幼儿园的联系外，还要引入社会资源，构建家、园、社联动的教育环境。如果父母是幼儿在成长过程中的第一任老师，幼儿园是幼儿参与教育的主要场所，幼儿园教师是幼儿的第二任老师，那么社会生活便是考验幼儿对所学知识掌握能力、让幼儿迁移应用的巨大平台，是幼儿的主要生活环境，是幼儿一辈子的老师。家园互动必须认清社会教育资源以及社会教育的重要价值，让幼儿了解社会、走入社会，在日常的学习与生活中认真观察、切实感悟，将所学知识进行有效应用，让幼儿在社会环境中获得综合成长，以此增强幼儿的综合素养与社会责任感，掌握在社会生活中的基本规则，养成良好的生活习惯、行为习惯与道德素养。

幼儿园、教师应承担起整合家庭教育资源和社会教育资源的责任，让幼儿园成为家、园、社三方联动的"中继站"，积极开展家园互动，构建符合幼儿身心发展规律与认知水平的社会化教育活动。例如，在常规的幼儿园基础课程教育以外，教师还要设置规则类教育，让幼儿养成良好的行为习惯。如，在园内生活时，要遵守园内秩序，不影响他人；在自主游戏中，要做好自己的事，邀请他人共同游戏时讲礼貌；在集体共同参与某项活动时，遵守纪律，听从教师的指示，有序排队。在园内开展完此类规则教育以后，教师要及时与家长取得联系，告知家长本阶段的规则教育主题，并邀请家长监督幼儿在家庭生活中是否遵守了规则，将幼儿园的规则教育延伸至幼儿的日常生活中去。此外，着重提及遵守纪律以及排队等公共秩序规则的教育，告知家长在带领幼儿到户外活动时，要关注幼儿的行为、做法，让幼儿在社会环境中主动遵守公共秩序。

家庭教育是学前教育中不可或缺的重要组成部分，家长是幼儿园在开展学前教育工作中的重要合作伙伴。幼儿园、教师要认识到高质量的家园互动在学前教育中的重要地位，结合园内实际情况、幼儿年龄特征、家长特殊需求制定新颖的家园互动策略，坚持尊重、平等、合作等原则与家长合作，取得家长的理解与支持，引导家长主动参与到家园共育当中，以高质量的家园互动构建科学、合理的家园共育策略，以此助力幼儿的全面发展①。

（三）家园工作创新策略

《幼儿园教育指导纲要（试行）》指出："家庭是幼儿园重要的合作伙伴，应本着尊重、平等、合作的原则，争取家长的理解、支持和主动参与，并积极支持、帮助家长提高教育能力。"它赋予了家长工作全新的内涵——家园共育。良好的家园共育能让家长进一步理解教育教学工作，有效为幼儿教育工作助力，从而促使家庭、幼儿园甚至社会形成教育合力，相互补充，相得益彰，实现教育的多元性与全面性，促进幼儿的全面和谐发展。然而，在幼儿园日常的家园共育中还存在着诸多误区，使得家园合作流于形式，实质性的教育效果有限。因此，如何有效整合家庭资源，形成同步教育，是值得教育工作者深思的问题。

在实践工作中，笔者通过探索家园合作共育的新途径与方法，在"家长学校""开设家庭教育讲座""家长开放日"等传统模式中创新，优化"亲子活动"的开展，开辟了"联动小组""家庭团辅""亲子检验站"等新方式，架构起家园共育的"新桥梁"，引领家长全方位了解幼儿园的教育理念、教学水平及幼儿在园的生活和学习情况，更好地完善家园共育机制，提升家长家庭教育能力，融洽亲子关系，共同促进幼儿健康和谐发展。

1. 优化亲子活动，平等互动

亲子活动是家园共育中常见的活动形式。亲子活动为幼儿与家长之间、家庭与家庭之间搭建了互动平台，能够密切亲子关系并推动幼儿社会性的发展；亲子活动是教师进一步了解家长教育理念，多维度了解幼儿发展状况的窗口，有助于教师根据家庭教育情况调整策略，推进幼儿教育。同时，亲子活动可直接高效地促进家园合作，帮助家长理解幼儿园的教育内容与教育方式，提升教育理念，积极地参与到家园共育中来。但在以往的亲子活动中，家长们虽然参与其中，但存在着包办代替过多，

---

①叶珍珍. 家园互动在学前教育中的重要性[J]. 家长，2023（31）：94-96.

或茫然跟随教师缺乏自我思考等现象。家长中蕴含着丰富的教育资源，教师需有效挖掘，调动家长参与幼儿园教育的积极性和能动性。

（1）注重前期准备，调动家长参与积极性

亲子活动前的准备工作十分重要，不仅能让家长合理安排好参与活动的时间，还能为参与活动作适宜的准备。教师可向家长们发出邀请函，通过微信群、日常交流等方式，引导家长了解本次亲子活动的内容和意义，并邀请家长提出自己的建议和创想，及时优化亲子活动方案。例如：亲子制作"独一无二的我"这个美术作品，前期教师请家长和孩子们阅读了相关绘本，激发参与兴趣，建立初步印象，并向家长们征集制作的方法和材料，集思广益。家长们提出了使用纸盘剪贴、纸盒制作、串珠造型等多种方法。由于前期准备中的思考与充分参与，在亲子制作时家长便心中有数，引导幼儿制作出各具特色的作品。

（2）完善活动设计，发挥家长自主能动性

在亲子活动的设计中，教师改变以往"老师说，家长听；老师教，家长跟；家长做，孩子看"的被动方式，以家长助教、家长演示等多种方式赋予家长们更多发挥空间，并确保孩子的主体性。例如：亲子科学"认识茶叶"中，教师邀请了家长进行专业的茶艺表演，激发幼儿兴趣，并请家长扮演"茶博士"介绍各种茶叶，幼儿听得特别仔细。亲子活动中，有的家长为了追求最后效果，常常包办代替，亲自操刀，而幼儿只在一旁观看。因而在活动中，教师需注重每个环节的引导语，并适时提醒，引导家长给幼儿充分自由操作的空间。如亲子美工"妈妈的手提包"中，教师请家长们当顾客，幼儿当设计师，在"为妈妈设计款漂亮的手提包，并根据妈妈们的要求及时调整，看看谁的手提包顾客最满意"活动中，当家长过多干预时，教师适时提醒："别着急，听听宝贝的想法，他想怎么做？""哇，这些都是宝贝做的，妈妈一定觉得你真了不起。"给家长和幼儿明确的定位和弹性空间，家长们欣赏着幼儿天马行空的设计，感受他们独特的创想，从内心尊重和欣赏，也懂得了给幼儿自我表达空间的重要性。在合理的角色定位中，家长既能大胆展示自己，也能确保幼儿的主体性，尊重幼儿意愿，充分发挥他们在亲子活动中的自主能动性。

（3）关注后期分享，增加亲子活动成就感

教师需善于运用活动中的交流总结，为亲子活动画上一个圆满的句号。如在亲子阅读中，让幼儿直抒内心的情感，让家长们走进幼儿的内心，增进彼此的了解。在亲子制作中，以亲子作品展览会的方式，让幼儿介绍自己的作品：是和谁一起制作，有什么想法，完成作品后的心情如何……家长从幼儿神采飞扬的介绍中，体味到亲子创作的乐趣与幼儿成长的自豪，对日后的亲子活动便多了一份期盼。活动结束后辅以反馈表、家长间交流等方式，听取家长心声，不断反思调整，从而激发家长的主动性，享受参与亲子活动的成就感。

2.开展家庭联动，拓展空间

为了拓展亲子活动空间，教师创新开展了"家庭联动小组"活动，既开展多个家庭或一对一家庭之间的联动、物质上的互动，如图书、玩具方面的交流，又包括精神上的互助，组织儿童与同伴交往，让幼儿体验不同家庭结构的生活。通过家庭联动，打破了原有家园共育的模式壁垒，有效调动家园共育资源，构建家园共育的新模式。

（1）密切家庭互动，做联动小组的联结者

活动初始，教师组织了一场别开生面的家庭联动小组启动仪式，通过各组家庭亲子互动，起到很好的辐射作用。班级中几个邻近的或兴趣相投的结对家庭，便会在空余时间自发组织活动，家长们聚在一起娱乐休闲，交流育儿经验，而幼儿有了玩伴，空暇时间活动愈加丰富多彩。在互补互助中，提升了亲子间、家庭间的沟通质量，这种家庭间的教育共建也良好地促进了家园共建。慢慢地，参与联动的家庭越来越多，彼此间配合愈加默契无间，教师在其中穿针引线，让家长们充分发挥他们的自主性。家庭联动小组让家长们能在有限的时间与资源中，做到高质量地陪伴与互动，密切亲子关系与家园共育。

（2）提供活动主题，做联动小组的推动者

联动小组中家长利用假日自发组织活动，但活动初始，多以户外游玩为主，随意性大，缺乏计划与合理安排。为了有效支持推动家庭联动小组活动，教师适当结合幼儿本阶段的发展需要，予以建议。如结合近期开展的主题活动"有趣的叶子"，教师就请联动小组的家长们带孩子们到户外找树叶、捡树叶、玩树叶，通过一系列的探索感知，不但让周末的家庭活动内容更有趣，还为孩子们积累了有益的生活经验。在开展语言活动"我爸爸"时，教师倡导联动小组要为爸爸们办个有趣的"爸爸大比拼"，周末时各个家庭的"爸爸"在联动中各显身手，引得"妈妈们"连连夸赞，在温情与笑声中密切了家庭成员的关系。当孩子们在幼儿园中骄傲地分享着一个个有趣的视频与照片后，也吸引了更多的爸爸参与到亲子共育中。联动活动在教师的推动下越来越精彩，家庭联动小组成员们有时相约登山，有时远游，有时采摘，有共同的阅读日、玩具分享日、美食品尝会……家长间彼此更加亲近和熟悉，家庭联动小组在开放与融合中产生新效应，促使班级的氛围更加和谐融洽，提升了彼此的信任度。

3. 创新共育体验，促进发展

家园共育中，家长会、讲座是传递幼儿园教育信息的重要手段，但在以往"一言堂"的形式下，沟通缺乏双向性，家长只能被动接受，很难落实到实际操作中。加强家园合作的互动性与体验参与，能更加积极有效提升家庭教育的实操性。

（1）亲子检验站

亲子检验站即针对家长教育中的"疑难杂症"，共商共议、集思广益、解决问题。教师通过前期发放问卷、分析问卷，建立家园共育的微信群等多种方式，了解家长在教育中存在的困惑，形成大家都较关注的热点问题，逐个展开讨论和梳理，尝试和家长们共同解决家教问题。例如：教师从问卷中筛选了大部分家长都关注的问题"孩子被打了怎么办"组织了一场讨论会，每个家长从各自的角度畅所欲言，在思维的碰撞中尝试站在不同的角度看待"孩子被打""孩子打人"的问题，得出的共识便更加客观而且可接受。针对家长常出现的陪伴缺失问题，教师组织"如何有效陪伴孩子"系列活动，不仅现场观看视频、交流感受，还通过微信群的微课堂活动加深认识，提供切实可行的方法。家长们在分组讨论中学习反思分享，在教师的专业点评中达成共识，新颖的形式使家长们感到在幼儿园里是可以解决教育难题的。

（2）家长团辅

借鉴心理团辅的方式，以现场讲座、角色体验、游戏等生动的形式深入探讨和学习一些家长们感兴趣的、共同关注的主题，最终达到促进家长自我成长、提升家庭教育素养的目的。例如：在团辅"如何表扬孩子"中，教师请个别家长来扮演孩子，其他家长进行现场表扬，让他们在角色扮演中体会各种表扬的效力，然后教师再引导家长进行学习，并辅以现场演练，帮助家长们掌握基本的方法。整个活动生动活泼、深入浅出，家长们一下就掌握了要点，学习如何让自己的表扬更加具体到位。这样实际参与体验式的互动，解决了家长平时所面临的对孩子教育有心却用不到点子上，有劲却使不上力的困惑。

（3）多媒体互动

随着科技的发展，家园间的沟通变得更为便捷，合理运用各种多媒体技术能有效促进家园共育。微信是现在大家常用的软件，但大部分教师的运用仅停留在建立班级群、通知班级事务、反馈对接幼儿在幼儿园在家情况等简单功能上。教师可以在班级群中召开家园共育小讲座、读书交流会等，十分便捷。在教学中，教师还可以通过视频对话功能，邀请个别家长远程参与到教学活动中。如健康活动"保护牙齿"中，我们邀请了牙医家长，现场直播牙科医生工作情境，专业科学地传递爱护牙齿的理念。教师将幼儿的日常表现、作品通过"抖音"APP传递给家长，让他们了解幼儿自由快乐的幼儿园生活与学习。多媒体互动方式贴近家长需求，拉近了家园的距离。

家园工作，需要教师与时俱进，在实践中更新理念，多一份对传统家长工作模式的思考，开拓创新，在实践中延伸与拓展，提高家园共育的质量，携手构建孩子美好的明天[①]！

（四）"互联网+"下的家园协同幼儿教育路径

在幼儿教育中，家园协同教育经常出现教师与家长沟通不及时的问题。这类问题不仅会影响家园之间及时商量幼儿的科学教育计划，还会影响幼儿的身心健康发展。"互联网+"的教育不仅能够推动解决这些问题，还能够为幼儿的发展提供系统全面的帮助。因此，教师应该结合

[①]李敏. 优化与创新家园工作策略［J］. 教育探究，2020（4）：27-29.

"互联网+"对家园的协同教育路径进行细致研究。

1."互联网+"下的家园协同幼儿教育的作用

（1）能够推动幼儿的身心健康发展

在"互联网+"时代，家园协同幼儿教育成为一种新的教育模式，它通过互联网技术的应用，将家庭和幼儿园紧密联系在一起。这种教育模式的出现，为幼儿的全面发展提供了更多的机会和资源。

首先，家园协同幼儿教育能够促进幼儿的身体健康发展。通过互联网技术，家长可以随时了解幼儿在幼儿园的饮食、运动等情况，并与教师进行沟通，共同制订合理的饮食和运动计划。同时，幼儿园也可以通过互联网平台向家长提供健康教育的信息，帮助家长更好地照顾幼儿的身体健康。

其次，家园协同幼儿教育对于幼儿的心理健康发展也起到了积极的推动作用。通过互联网平台，家长和教师可以及时交流幼儿的情绪变化、学习情况等，共同解决幼儿在成长过程中遇到的问题。同时，幼儿园也可以通过互联网平台提供心理健康教育的资源，帮助幼儿建立积极的心理态度和健康的心理机制。

（2）能够建立完整系统的家园共育系统

在"互联网+"时代，家园协同幼儿教育不仅仅是简单地将家庭和幼儿园联系在一起，更是建立了一个完整系统的家园共育系统。这一点主要表现在这样的教学模式能够提高家长的参与度，促进家园和谐共助和推动有效的沟通机制、评估机制的建立等方面。

首先，通过互联网技术，家长可以随时了解幼儿在幼儿园的学习情况、教育资源等，并与教师进行及时的沟通和交流。家长参与度的提高，能够更好地促进幼儿的学习和发展。

其次，家园协同幼儿教育能够促进家园和谐共助。通过互联网平台，家长和教师可以建立起更加紧密的联系和合作关系，共同关注幼儿的成长和发展。家园之间的合作和支持，能够为幼儿提供更好的教育环境和资源。

此外，通过互联网平台，家长和教师可以方便地进行沟通和交流，及时了解幼儿的学习情况和问题。同时，幼儿园也可以通过互联网平台进行教育评估，及时发现幼儿的优势和不足，制订相应的教育计划和措施。

（3）能够提高教师的教学水平

"互联网+"下的家园协同幼儿教育能够提高教师的教学水平，主要体现在"互联网+"的教学能为教师提供更加丰富的教育资源，提高教师的教育技能、教育智力，促进教师的专业发展和增强教师的创新能力。"互联网+"的教育平台能够为教师提供包括教育游戏、教育视频和教育音频等丰富有效的教育资源，也可以为教师提供多元的教育体验和互动，还可以为教师提供更加开放的教育环境。这样的教学模式能够帮助教师更好地应对幼儿教育中出现的教学挑战。

2."互联网+"下的家园协同幼儿教育路径

（1）利用信息交流平台建立家园共育场所

教师可以利用信息交流平台建立家园共育场所来推动"互联网+"下的家园协同幼儿教育。"互联网+"下的信息交流平台包括企业微信、钉钉、微信家长群和QQ家长群等。幼儿教师利用这些平台与家长进行沟通，这样的沟通能够突破以往线下交流的时空和物质成本限制。

例如，教师可以建立微信家长群来与家长进行沟通和交流。幼儿教师可以在微信群里分享日常幼儿教育活动的相关内容，这些内容既包括了对某些表现好的幼儿的赞扬，也包括了对日常活动现场精彩瞬间的记录。此外，教师也可以利用家长微信群向家长分享一些与时俱进的适合此阶段幼儿身心发展规律的专业知识和相关典型案例。通过这些内容，家长就能够增加对专业幼儿教育知识的了解。在了解这些内容之后，家长不仅可以选择更加科学的教学方式开展教育，还能够为协同教育提供积极的帮助。

又如，教师可以利用信息交流平台定时召开线上家长会。线上家长会能够解决一些家长路途不方便的问题。在家长会上，家长可以在交流平台分享近期幼儿的发展情况，包括了幼儿的身体发展、心理健康和情绪变化等。同时，教师可以让家长关注幼儿园官方公众号或者与幼儿教育相关的其他权威公众号。如此，家长就可以了解更多与时俱进的教育观念和方式，部分教育观念比较落后的家长就能够结合社会和教育的最新要求及时纠正和改变自己的错误观念。此外，通过教师在微信群里分享幼儿园里幼儿的相关动态和活动，家长不仅可以了解到幼儿的日常活动内容和形式，还能够增强对幼儿园和幼儿教师的信任，为后续家园协同教育打好信任基础。

除了以上内容以外，教师还应该注意信息技术交流平台的正确选择。在这个过程中，结合家园协同教育活动开展的资料要求，教师应该选择合适的信息技术交流平台。结合研究分析可知：微信家长群更方便语音；QQ家长群娱乐化功能较多；钉钉能够将直播家长会的内容保存，也能够通过视频的方式展示资料，专业性较强。因此，幼儿教师可以结合实际活动情况分析、选择最优的交流平台，以此为初步沟通的建立奠定基础。

（2）整合教育资源，共建家园教育网站

教师应该通过整合教育资源，共建家园教育网站来促进"互联网+"下的家园协同幼儿教育。教育资源包括教师的教学实践经验资源、幼儿园官方收集和整理的经典教学课程资源、家长反馈的幼儿生活中的相关表现资源和线上其他典型教育资源等。教师应将这些资源按照由简到繁的逻辑进行整理。在整理的过程中，教师应该从家长、幼儿园、幼儿和幼儿教师的角度出发，整合出适合不同人群的教学内容。

结合不同人群的不同需要，教师可以与家长一起向幼儿园申请建立能够推动家园互动的教育网站。教育网站应该包括教师的教学经验、不同年龄阶段幼儿教育的方针、错误的学前教育案例和成功的教育示范。家园共育网站应该设置家长和教师交流、家长向幼儿园投诉和家长监督等网页服务功能。教师除了应该在此网站上推送自己日常的教育内容和形式，还可以将自己的教学设计和教育想法等进行推送，这样家长就能够结合教师的想法进行有效沟通。通过以上方法，家长就能够了解和熟悉教师的教育理念、方式和内容。此后，部分家长不仅可以掌握专业知识，还能够逐渐明确自己的协同方向和目标。除此以外，家长也可以通过网站及时分享协同任务的完成效果和反思自己在协同教育中出现的问题。结合家长的分享和反思，教师就可以及时给予家长科学、合理的帮助。

例如，在与家长共建了教育网站后，家长在协同教师帮助幼儿培养良好卫生和饮食习惯的时候发现幼儿有挑食和不爱卫生等问题。教师在接收到这些反馈的时候，应该结合幼儿在幼儿园的表现和专业的知识，给予家长意见和引导。在教师分析中，如果幼儿在幼儿园的表现与家长所描述的一样，那么教师就应该与家长一起协商采取何种方式来帮助幼儿解决这些问题。通过家园协同商议，教师可以选择让幼儿调换座位的方式，来帮助幼儿改变这些坏习惯。例如，教师可以将吃饭慢且挑食的幼儿安排到吃饭快且不挑食的幼儿旁边。在这一过程中，教师应该给予不挑食的幼儿适当奖励，激励其他幼儿学习和树立不挑食的正确认识。针对幼儿不爱卫生这一点，教师可以采用线上调研的方式来引导家长明确是否是自己行为习惯的错误引导；如果是，教师应该引导家长重视自身模范作用。接着，教师可以在网站上向家长推荐《邋遢大王》等卫生教育的动画片，鼓励家长在家播放这些动画片，让幼儿在玩耍中学习和认识讲卫生的重要性。

（3）利用信息技术，推动家园共育活动开展

教师可以利用信息技术来推动家园共育活动的开展。在开展亲子活动的时候，教师可以在导入活动中利用信息技术播放视频等来引导家长和幼儿进入活动情境，以此激发家长和幼儿的参与兴趣。教师在开展亲子活动的过程中应该注意利用信息技术来与家长和幼儿互动，以此来推动家园协同教育逐渐深入。例如，教师在开展"亲子运动会"的时候就可以向家长要一些日常生活中的亲子照片和视频等来导入运动会。

接着，教师在促进深化教学开展的过程中可以通过PPT或者其他形式来向家长单独展示每个幼儿的个性化发展情况。这些情况包括幼儿的身高、体重、心理情绪和生活习惯等。结合这些数据，家长可以综合思考和制定更加合适幼儿的个性化教育内容和方法。例如，在运动会开展期间，教师利用投影或者互联网点名的形式来选择家长代表和幼儿代表发表感言。接着，教师结合亲子活动情况和幼儿日常表现等对幼儿进行综合细致的分析。

总而言之，"互联网+"能够为幼儿教师和家长提供合适的沟通交流平台，促进家园之间关于幼儿教育方面的信息资源共享，推动家园活动的开展和为家园教育提供较为明确的方向。这样的教育能够促进幼儿得

到更加全面的培养和发展，为幼儿行为习惯的培养、语言技能和计算能力的锻炼以及正确的"三观"培养和发展提供了较为系统和科学的支持。同时，"互联网+"下的家园协同幼儿教育能够促进教师、幼儿园、家长和幼儿之间的融合与进步，因此幼儿园教师应该重视"互联网+"在家园协同教育中的高效应用[①]。

（五）家校园合力助力幼小衔接路径

幼小衔接教育是幼儿园和小学之间的过渡。幼儿进入小学后很多方面都需要适应，如校园生活、学习环境、学科知识等。但是，幼儿期与小学的教育难度不同，需要家长、教师和学校之间加强交流、沟通，形成有利于幼小衔接教育的家校园合力。

1.进行幼小衔接的必要性

幼儿教育是现代教育重要的组成部分，因为幼儿期是人类身心发展的一个重要阶段。幼儿教育需要确保幼儿获得最优质的体验以及帮助幼儿更好地适应学校和校园生活，这也是幼小衔接的必要性所在。

首先，幼小衔接对于幼儿顺利实现阶段过渡至关重要。习惯的培养、新技能的学习等都需要时间和正确的指导，幼小衔接可以帮助幼儿适应新的环境和要求。

其次，幼小衔接有助于幼儿的身心健康发展。从生理上来说，幼儿期是大脑高速发展的阶段，幼儿大多时候处于高度敏感的状态。而从心理上来说，幼儿期是人类情感和社交能力发展的关键期。这些都需要有良好的照顾和教育。

最后，幼小衔接需要家校合作的支持。由于幼儿普遍没有适应学校和社会生活的能力，家长需要尽力帮助幼儿调整心态，理解新的学习需求，并激发他们对学习的兴趣。而学校应当秉持全面发展的教育理念，合理安排幼小衔接课程，帮助幼儿更好地适应新环境，扩展新技能，丰富新体验。另外，建立学校和家庭互动的平台会有助于家长更好地理解学校的教育理念和措施，有效地提高家长参与度以及对幼儿的支持和关注度。

---

①韩晶华."互联网+"下的家校协同幼儿教育路径[J].亚太教育，2023（20）：4-6.

总之，幼小衔接的重要性不言而喻，我们需要齐心协力，共同为幼儿教育提供更为优质的服务。针对幼儿教育的特点，教育者和家长应因材施教，量身定制教育方案，让孩子们得到更好的学习体验，让他们快乐成长。

2.幼小衔接教育内容

（1）学习内容的衔接

在教育内容上，应该在幼儿园阶段注重启蒙教育，让孩子对文字、数字、语言和道德行为规范等方面有基本的认识，同时，也需要扩大幼儿活动范围，培养其一定的社交能力。进入小学后，教育内容会更侧重于学科，涉及更广泛的知识领域，因此幼小衔接教育应该助力幼儿更好地理解和执行小学教育内容，形成良好的学习习惯。

（2）综合素养的培养

首先是社交能力，孩子需要逐渐适应社交场合，如班级、学校、社会等。因此，应该注重对孩子社交能力的培养，让他们能够更好地与人交往，处理人际关系。其次是自我认知，在幼小衔接阶段，应该注重对孩子自我认知的培养，让他们能够更好地了解自己的优势和不足，从而更好地发挥自己的潜力。最后是兴趣爱好的培养，让他们能够在自己感兴趣的领域中得到更好的发展，从而更好地实现自我价值。

3.幼小衔接教育的特点

（1）文化氛围的创造

小学教育和幼儿园教育的文化氛围是不同的，这就需要幼小衔接教育连接起这两个文化氛围。幼儿园、小学之间需要在文化传承、制度规范、语言风格等方面进行深入的沟通和合作，互相融合、提升自身，让孩子更好地适应新的学习氛围。

（2）模式创新的引导

针对幼儿的特点，教师需要准确定位和认知幼儿的优势和不足，从而寻找最合适的培养模式，并根据实际情况创新模式。每个幼儿的身心发展都是不同的，教师需要有针对性地提出个体发展方案，帮助每个幼儿明确发展的方向。同时，教师和家长也需要注意孩子的发展特点和年龄阶段的特点。对幼儿来说，游戏是他们最爱的方式，那么游戏式教学就能快速地对幼儿产生转化效应，从而让幼儿更快地适应新的教学环境。

（3）适应性能力培养

在幼小衔接阶段，儿童需要逐渐适应小学的学习和生活方式，因此，适应性能力培养是幼小衔接教育的重要特点之一。首先是培养自理能力。在幼儿园阶段，孩子们通常会被教师照顾得很好，但是在小学阶段，他们需要更多地依靠自己，因此，家长和教师应该共同培养孩子的自理能力。其次是培养社交能力。在小学阶段，孩子需要面对更多的社交场合，如班级、学校等。最后是培养学习能力。小学的学习内容和方式与幼儿园有很大的不同，因此，在幼小衔接阶段，家长和教师应该共同培养孩子的学习能力，包括如何听讲、如何记笔记、如何独立思考等。

（4）任务意识巩固

在幼小衔接阶段，孩子需要逐渐建立起对学习任务的认识和理解，这是他们未来学习生活的重要基础。因此，任务意识巩固也是幼小衔接教育的重要特点之一。首先是培养学习兴趣。学习兴趣是任务意识形成的重要基础，因此，家长和教师应该共同培养孩子的学习兴趣，让他们在学习中获得快乐和成就感。其次是培养学习习惯。学习习惯是任务意识形成的重要条件，因此，家长和教师应该共同培养孩子的学习习惯，包括如何安排时间、如何整理笔记等。最后是培养任务完成能力。任务完成能力是任务意识形成的重要保障，因此，家长和教师应该共同培养孩子的任务完成能力，包括如何分解任务、如何制订计划等。

4.在家校园合作背景下，助力幼小衔接的策略分析

（1）改变教育观念

家长和教师应该更加重视幼小衔接，因为这是孩子成长的关键阶段，如果孩子无法及时适应新的环境，将会影响他们的身心健康发展，也会阻碍他们形成良好的学习习惯。

家长要改变自己的教育观念，应该多关注孩子的心理健康发展，让他们在幼小衔接期间更好地适应新的环境。不要把自己的焦虑强加给孩子，而是要采取有效的措施来缓解他们的压力。同时，幼儿园和小学的教师也应该共同努力，为孩子们提供有效的指导。幼儿园教师可以利用模拟课堂的方式帮助孩子更好地了解小学的生活，而小学教师也要给孩子足够的时间来适应新的环境和理念，这是一个正常的过渡期，教师应该以科学的态度，耐心地指导孩子，帮助他们融入新的环境，形成有利于幼小衔接教育的家校园合力，助力幼儿顺利进入小学阶段。

（2）制定科学合理的衔接管理体系

我们必须建立一个完善的衔接管理体系，以便更好地满足孩子们的学习需求。这个体系必须根据孩子的年龄特点、认知水平、生活经验等因素，精心设计出适宜他们的"幼升小"课程，以填补当前课程的空白。通过实施有效的指导性教育，让孩子能够有效提升自己的兴趣爱好、能力、技能等，并且能够更好地适应新的环境，让他们能够更好地实现自己的能力发展，并且能够更好地融合到社会的大环境中，最终实现幼小衔接的目标。

（3）增加家园互动

为了提高孩子的学习效果，家园之间需要保持密切的联系，经常沟通，了解孩子的需求，并为孩子提供个性化的指导。同时，教师也需要积极配合孩子的成长，为孩子提供优质的教育。教师的监督是保证幼儿良好发展的关键，同时教师还必须充分了解孩子的个人情况。如果孩子出现心理压力大、注意力不集中或者易怒的情况，教师需要立即通知家长，帮助孩子改善这些状况。教师还可以提供专业的指导，帮助其家庭成员更好地管理自己的孩子。

（4）做好幼小衔接的具体步骤

第一步，激发幼儿"入学"的情感。初入小学，很多幼儿会出现紧张、害怕、不适应等情况。因此，在幼儿园阶段，家长和教师应该共同努力，为幼儿创造一个安全、温馨、舒适的环境，让他们逐渐适应小学的学习和生活。家长可以通过与孩子交流，了解孩子的内心想法和感受，鼓励孩子，增强他们的自信心；幼儿园教师可以通过游戏、故事等方式，引导幼儿积极面对小学生活，培养他们的入学意识和兴趣。

第二步，了解小学的环境及生活。幼儿园和小学的环境和生活方式有很大的不同，为了让幼儿更好地适应小学生活，家长和教师需要了解小学的教育理念、课程设置、学习方式等，以便为幼儿提供必要的信息和指导。同时，家长也可以陪伴孩子到小学校园走一遍，让他们了解小学的环境和设施，增强对小学的认知和兴趣。

第三步，开展适应性入学活动。幼儿进入小学后，需要逐渐适应新的学习和生活方式。为了让幼儿更好地适应小学生活，家长和学校可以共同开展适应性入学活动。这些活动既可以让幼儿在熟悉的环境中逐渐适应小学的学习和生活，又可以促进家校沟通交流，增强家校合作的力量。比如，可以组织幼儿参观小学，让他们了解小学的教学设施、课程设置等；可以开展小学生活体验活动，让幼儿亲身体验小学生活；可以举行家长会，让家长了解小学的教育理念和教学方式，增强家园合作的力量。

综上所述，保证幼小顺利衔接是幼儿园教学过程中的重要任务。为实现这一目标，教师应该注重学生思维方面的培养，采用多种教学方法，营造积极向上的学习氛围，让学生在愉悦的状态下获得更加优质的幼儿园教育，真正做到幼小顺利衔接，为学生未来发展奠定基础[①]。

二、加强本土文化资源应用于幼儿园课程的家园合作

第一，加强与家长的沟通交流。要推动家长形成对本土文化资源应用于幼儿园课程的认同感，可以让家长入园参观，实地了解幼儿园本土文化资源应用于课程的建设情况，增强家长的信心。幼儿园也可以组织教师开展家访活动，跟家长面对面地交流，向家长介绍本土文化资源对幼儿成长的巨大价值，互相听取对方对本土文化资源应用于课程的看法和建议，同时有利于家园共育。

第二，利用家长搜集本土文化资源。调查得知，教师收集本土文化资源的方式多样，但主要是利用网络平台搜集资料，网络平台上的很多资料并不适合儿童直接使用，需要教师加工整理，且对于霞浦地区本土文化资源应用于幼儿园课程的相关资料却很少，给教师的工作增加了难度。要让家长明白他们参与本土文化资源应用于课程的重要性，要引导家长从本土文化资源在课程中应用的配合者转变为本土文化资源应用于课程的参与者、评价者[②]。

①高晶晶. 家校园合力助力幼小衔接路径探究[J]. 时代教育，2023（23）：109-111.
②李国梁. 本土文化资源在幼儿园课程中的应用现状研究[D]. 西安：陕西理工大学，2023：35-45.

三、滩涂文化家园共育模式的开发

环境对幼儿的发展有着巨大的影响。教师和家长应充分利用周边的环境，增加幼儿对世界的了解，利用环境影响幼儿。滩涂资源是我们的地域特色，其中自然景观、文物古迹、饮食文化丰富多彩、取材便利，是开展亲子采风活动、幼儿游戏活动的重要素材。幼儿园应以大自然为活教材开展教育活动，让幼儿在环境的潜移默化中，以内隐的方式发现美、感受美；还应遵从幼儿的审美情趣，满足幼儿的审美欲望，发展幼儿对美的感知，使其用自己的方式创造美、表现美、展示美；同时，应充分利用社会资源，家园整合共育。我园在开展"家乡滩涂文化"园本课程的过程中，立足于幼儿的日常生活经验，充分利用自然环境，发掘家乡的滩涂资源与文化，将课程与幼儿生活紧密相连，充分利用和发挥家长资源的作用，通过各种各样的亲子活动，使幼儿感受到家乡的自然风光、饮食文化的魅力，激发幼儿爱家乡、爱祖国的情感，并不断拓展各内容之间的联系，多元整合，家园共育，使其实际感受家乡文化的丰富与优秀，共同培养幼儿的审美能力。

（一）滩涂风景资源的开发和利用

随着社会的不断发展，时代的不断进步，人们逐渐意识到教育不应只局限于幼儿园内。幼儿园还要与家庭、社区密切合作，充分利用各种自然资源和社会资源，从而更好地实现家园共育。以滩涂风光作为教学活动的主要素材和课程内容，活动场地更加开阔灵活。沙滩、滩涂、海岸、养殖场等，可以让幼儿有了更多与大自然近距离接触的机会，感受海边的滩涂风情。幼儿园可以开展亲子采风活动，让家长和幼儿带上手机、相机捕捉滩涂美景，如绚烂的日出日落、如梦如幻的滩涂海岸，这些拍摄素材都能提升幼儿的审美能力，且能为幼儿绘画创作提供参考空间，并基于自然风景，尝试通过大胆的用色、夸张的造型、天真的想象进行创作。在此过程中，幼儿不仅能领略亲子采风活动带来的快乐，还能提升绘画水平，提高审美能力，逐渐建立起人与自然和谐相处的生态意识。

基于家园共育开发和利用滩涂风景资源，需要先对家长进行一次摸底，每班选取10组家庭作为试点，成立"摄影先锋队"，作为本次摄影活动的主体队员，参与到教师日常教学研讨活动中，根据目的，有计划地选择亲子采风地点。家长可以自己商量讨论制定活动的时间、日程安排、采风内容、注意事项等，利用周末休闲时间带孩子欣赏家乡的滩涂美景，充分调动多种感官与滩涂景致互动游戏：赏日出日落，光脚踩沙滩，海风吹拂等。在多种感官获得充分的体验后，应引导幼儿尝试用镜头记录自己认为最美的风景，带到幼儿园与同伴互相欣赏、互相交流。从亲历体验、走进生活、亲近自然的摄影作品中，可以感受到幼儿从生活源泉中所汲取的丰富的审美体验所呈现的独特的审美视角。这样的亲自采风活动不仅增加了家长对幼儿的陪伴，加深了亲子间的感情，使家长和幼儿体验到亲子活动的乐趣，发挥了家长对孩子的熏陶教育作用，而且提升了幼儿捕捉、发现家乡美的能力，丰富了幼儿的审美感受，提高幼儿的审美能力。幼儿园还应不定期地开展滩涂摄影比赛，让幼儿自主选择展出场地、设计邀请函、张贴海报、制作奖品。参赛的幼儿要对摄影作品进行解说，阐明自己的选景意图，以及作品中所蕴含的美的元素，最后在教师的组织下由幼儿统计票数。整个投票评选过程要充分尊重幼儿独特的审美感受，为幼儿提供自主表达、评价的空间，充分调动幼儿的主观能动性，使幼儿真正成为摄影作品评判的主人。在一次次的摄影创作中，在感受与对比中，催生幼儿对色彩、线条、造型、结构以及光影产生的独特美感体验，提高审美情趣，提升幼儿鉴赏美的能力，为后续的创作积累经验。

（二）滩涂美食资源的开发和利用

多种多样、丰富多彩的游戏是幼儿发展的重要源泉。丰富的家乡美食、多样的生态环境则可使幼儿的游戏内容也更加丰富多彩。以家乡美食作为游戏的载体，可以更好地为幼儿提供游戏资源，营造游戏环境。幼儿园可以开展以滩涂美食为主题的游戏活动，深挖本土的滩涂美食资源，土笋冻、跳跳鱼、小章鱼……糊汤店、海鲜干货店，各种海鲜美味小样被幼儿搬上了陈列架、过道、储物柜。有趣的游戏情节使幼儿对滩涂美食的兴趣更浓厚，充分开发滩涂美食，在收集游戏材料、寻找合作伙伴、生成游戏主题、创设游戏环境各环节，教师应给予幼儿充足的时间和空间，选择放手、等待的策略，让幼儿充分展示自我。幼儿园还应与家长配合，共同制订游戏计划，包括设计宣传海报、摊位设点布置、场地协调选择、广告标语张贴等。在活动中，要引导幼儿讨论游戏中遇到的困难以及解决的方法，提升幼儿思考判断、解决问题的能力。游戏的开展让幼儿在学习美食、了解美食的基础上理解与美食相关的文化背景。

亲子主题活动"我的滩涂美食大比拼"，可以让家长和幼儿齐发力，活动从食材的购买、清洗、烹调、摆盘，最后幼儿投票，选出最美作品，以幼儿的美食绘画作品作为优胜者的奖励。在"六一"亲子活动中，以"山海文化"为主题，结合节日的特色滩涂美食，幼儿园可以使霞浦民间艺人走进幼儿园，现场制作糖塔，让幼儿近距离欣赏这项古老的民间工艺，感受文化传承之美；穿着自制的畲族服饰的教师和小朋友为大家备上了精美的畲族小吃，让家长和小朋友感受到畲乡人民的热情、好客之美；教师让幼儿画糖塔、用橡皮泥制作糖塔，参与到六一的竞拍活动中，活跃了节日气氛的同时，也培养幼儿的审美能力。活动后，要引导幼儿以图画做成滩涂美食我最爱的记录表，制作霞浦滩涂美食攻略，注重家乡美食宣传，同时，还利用周末时间探寻家乡美食，绘制美食地图，进行滩涂美食体验店星级评价，体验家乡美食的多元之美，感受家乡饮食文化的魅力之美，培养幼儿的动手操作能力、创造能力、发现问题和解决问题的能力，将美食文化的体验与传承推向另一个高度。

(三)滩涂生物资源的开发和利用

滩涂上的生物种类繁多，各种资源形态不一、颜色不一，是幼儿进行美术创作的良好素材。教师可以开发和利用滩涂生物资源，引导幼儿发现自然事物的美，感受生活的美好，体验美术创造的快乐，培养他们对艺术创作的热爱，做一个爱美、懂美的孩子，以此培养他们的审美意识和能力。教师要充分发掘滩涂的生物资源，促使幼儿积极地参与美术活动。

例如，可以开展主题活动"美丽的贝壳"，带领幼儿到滩涂收集各种各样的生物外壳，如钉螺、花螺、花蛤、龟足、竹蛎、苦螺，等等。当幼儿看到种类繁多的贝壳时，会表现出极大的兴趣，并会就贝壳的形状、花纹、颜色等互相交流和讨论。教师可以让每个幼儿收集2个自己喜欢的贝壳，然后引导他们在园内活动中分享和介绍，如"我的花蛤壳身上的花纹好漂亮，有连续的三角形，还有像海浪的波浪""这个叫钉螺，它长长的，像旋转的楼梯"这一活动能促使幼儿仔细观察，并能从多个角度进行欣赏，在此过程中，幼儿的观察能力能得到有效提升，同时能获得审美意识的启发和审美能力的培养。在此基础上，教师可以鼓励幼儿用贝壳进行创作，通过艺术活动的再加工，激发创作热情，开拓创作思路。幼儿在与材料的互动中尽情表达：用血蛤壳当树叶，创作漂亮的贴画；把各种贝壳穿到一起，制作风铃；用贝壳贴画表达小鱼、螃蟹、水母，等等。基于观察想象，幼儿用滩涂生物资源创作，在创作的过程中提高了审美能力、动手操作能力，体验到了创作的快乐。随着对自己的家乡滩涂多了一份了解，幼儿观察美的能力也得到提升，对美的感知能力也得到发展，激发了自身的艺术表现能力和创造能力。

为更好地培养幼儿的审美能力，幼儿园还可以开展基于生物资源开发利用的音乐活动，如引导幼儿用各种漂亮的螺壳自制乐器，打洞、穿线、做手把，为歌曲伴奏，打击乐活动"海滨之歌"由此产生。还可以让幼儿自编童话剧《海洋护卫队选拔赛》，分小组制作服装、道具，与家长一起创编剧本，挑选音乐，编排动作。基于滩涂资源，幼儿在各种活动中获得了审美的启发，包括美术审美、音乐审美、文学审美等，审美能力获得了有效的培养和提升。可见，幼儿园要注重利用滩涂资源，调动幼儿发挥想象力、创造力，使美的教育在幼儿园深入、扎实、有效地开展，促进幼儿审美能力有效提升。

（四）滩涂文化资源的开发和利用

滩涂文化具有地域性和传承性，开发利用滩涂文化，帮助幼儿了解家乡特有的地理环境、民间艺术，在大自然和社会文化生活中萌发对美的感受，是幼儿美术创造的源泉，对幼儿的美育起着重要的作用。在滩涂上发生的民间传说、歌谣、风俗等，皆彰显滩涂文化的无尽魅力，能使幼儿感受家乡之美，是幼儿美术创造的桥梁，能够培养幼儿审美能力。

在主题教学中，幼儿园可以将民间传说和歌谣作为幼儿了解滩涂文化的载体，使幼儿与本土文化紧密联系在一起，引导幼儿通过民间传说和歌谣欣赏滩涂文化的美。幼儿在与传说、歌谣的互动中，不仅发展了语言表达能力，也激发了对家乡本土文化的热爱，同时对文化之美、文学之美、音乐之美的欣赏意识能得到启发。例如，利用民间歌谣《阿叔婆》开展活动，让幼儿边唱歌谣边跳牛皮筋，不仅可以促进幼儿身体动作的发展，增强合作意识，感受到语言文化朗朗上口的魅力，还能潜移默化地提升幼儿感受美的能力。又如，引入民间工艺"渔网装饰"，可以先让幼儿欣赏常见的渔网装饰，激发幼儿鉴赏的兴趣，然后让幼儿自己试一试、织一织并进行装饰。之后，可以收集各种各样的渔网装饰和幼儿制作的渔网装饰，开一个渔网的展览会，带领幼儿观察渔网装饰的不同材质、不同纹路、不同的孔眼，激发幼儿欣赏和学习的欲望。幼儿将能在互相欣赏和交流中丰富审美感情，激发审美兴趣。

基于滩涂文化资源，幼儿园也可以通过开展"我的家乡"系列主题活动，给予幼儿身体、心理上的自由空间，让幼儿在看家乡、说家乡、画家乡的活动中回味家乡之美，抒发体验和感受，激发创作的欲望。同时，可以将幼儿的美术作品融入班级环境创设以及幼儿园的大环境创设中，让幼儿体验美术创作的有趣和有用。幼儿在每天来园、午休漫步以及自由分享的时候，都可以随时随地欣赏这些作品、感受这些作品，在自由交流和分享中充分表达自己对审美的感觉，提高审美能力，随时随地感受到家乡的美好，在潜移默化中理解和传承当地文化，培养审美意识，提升审美能力。幼儿园也可以基于滩涂文化资源开展亲子活动，引导家长与幼儿一起自编自创家乡小故事、小诗歌，把家乡的美景、美食通过绘画的形式制成小书，再配上简单的文字。这样的自制图书不仅通俗易懂，而且生动有趣。之后把自制图书投放到幼儿园的绘本馆，供全园的幼儿欣赏、借阅。这样的活动不仅增进了亲子之间的情感，而且也发展了幼儿艺术创造能力和审美鉴赏能力。

总之，通过幼儿园滩涂文化课程这一载体，以自然为师，顺应幼儿的天性，家园共育将滩涂文化与审美教育进行了有效、良性的对接，使家长和幼儿园紧密联系在了一起。幼儿园打破了家园合作的常规模式，开拓家园共育的多元形式和途径，找到了新的着力点，可以提高家长对本土资源开发的认识，及时把教育重点转告家长。家长在充分理解和尊重幼儿学习与发展的基本特点和规律的基础上，应积极支持和主动配合幼儿园的各项活动。幼儿园更加注意与家长"合心、合力"，把审美教育融入幼儿乐于接受的各项游戏活动中去，做到以事激情、以情导行。我们坚信，幼儿那颗内隐于心灵深处的种子会生根发芽，努力向上，在美育的土壤中沐浴春风，滋养雨露，快乐成长①。

---

①杨玲清. 利用滩涂资源提升幼儿审美能力的策略［J］. 家庭教育研究，2022（12）：16-18.

第七章　儿童山海课程实施中的教师成长

第一节　基于本土文化资源的儿童山海课程理念的培训与学习

一、加大对本土文化资源应用于幼儿园课程的教师培训

教师在本土文化资源应用于幼儿园课程中扮演着重要的角色，教师对本土文化资源的态度和开展课程活动的技能水平影响着本土文化资源应用于幼儿园课程的效果。幼儿园要对教师加强管理培训，提升教师的能力，以认真负责的态度将本土文化资源应用于幼儿园课程之中。

首先，幼儿园需要加强对于一线教师的管理，改进对教师的教学评价制度，加强对于教师利用本土文化开展幼儿园课程活动的情况监督与考核，确保教师在将本土文化与课程融合时能够切实贯彻要求，以认真的态度实施活动。

其次，对教师开展必要的传统文化知识培训，以此来提高幼儿教师的文化素养，幼儿园之间也可以通过相互交流，探讨经验，邀请相关专家学者帮助教师答疑解惑，让幼儿教师能够更深入地了解本土文化的重要性，更好地掌握本土文化资源应用于幼儿园课程的途径，也可以在园所内以赛教的形式，不定期举办相关活动，以此来打牢教师对于开展传统文化课程活动的基本功。

最后，提升教师课程开发的教研能力，使教师有意识地将本土文化资源应用于园本的课程建设中，通过互相学习、深入探讨、发散思维，不断建设独具文化特色的园本课程。此外，要避免将霞浦本土文化资源应用幼儿园课程时流于表面，局限于某一特定形式[1]。

---

[1]李国梁. 本土文化资源在幼儿园课程中的应用现状研究[D]. 西安：陕西理工大学，2023：45-50.

二、积极组织和参与课程资源开发利用的相关培训

为了使教师对本土文化有整体性的认识，形成更加科学的课程资源开发理念，应该完善职前教育和职后培训，全面促进教师专业素养的提升。职后对教师进行针对性的培训非常必要。培训并非一蹴而就，应该形成一种常态，并且注重增强培训实效。在开展培训的方式上，可以走出去，了解和汲取其他幼儿园本土文化课程资源开发利用的实践经验；也可以请进来，聘请本土文化专家以及课程专家对教师进行专题培训。在培训内容上要系统化，可以从以下三方面进行：一是加强对国家相关法规和政策的培训和学习；二是对幼儿学习和发展理论、对幼儿园课程理论和游戏理论的学习要持续和深化；三是加强对实践典型案例的学习。

培训本身做到了内容形式的合宜，还需要将培训的效果真正落地，才能避免教师参加培训时深以为然，做起来的时候又恢复原状的情况。因此，幼儿园决策者应该将培训中的理念和措施进行梳理，并组织教师进行研讨，真正将有利于幼儿园课程发展的并且适宜于幼儿园实际的内容加以落实，使培训发挥实效①。

第二节　教师对儿童认知特点的思考

一、幼儿发展的特点

幼儿有着巨大的潜在发展能力，幼儿的发展有其独立的发展道路。依托环境辅助幼儿在教室完成自我成长。依据《3—6岁幼儿学习与发展指南》可将幼儿分为三个部分（3—4岁、4—5岁、5—6岁）和五大方向。

（一）健康状态

3—4岁的幼儿，在身体状况上、情绪上比较稳定，不容易因为小事而情绪崩溃，即使出现情绪不良的情况，在成年人的安抚下也能平静下

①姜黎.幼儿园地方文化课程资源开发利用的个案研究[D].南京：南京师范大学，2021：50-73.

来。在活动中也可以适应相对复杂的环境，但时间不宜过长，在面对新的环境的过程中也可以较快适应，但有适应期限。在动作发展上，可以在周围环境的辅助下，慢慢行走、上下楼梯，完成跳跃、躲避等简单运动。能开始完成抓、拿等手指活动。可以在引导和提醒下养成良好的生活习惯和卫生习惯，在成年人的帮助下完成基本的生活自理行为。

4—5岁的幼儿在身体状况上能保持长期的快乐状态，不高兴时也能及时调节，愿意将自己的喜怒情绪传达给周边的成年人。能够很好地适应较冷或者较热的环境，也能较快地适应人际关系的变化。在动作发展上，可以平稳地行走一段距离，完成多种形式的钻、爬和跑、跳动作，借助工具完成各种运动，与他人追逐嬉戏。能完成简单的手工作品。在生活习惯上，能按照规定完成生活要求和保持自身卫生整洁，能够完成生活自理。

5—6岁的幼儿在情绪好时能保持长期的愉悦心情，在情绪不好时能及时发现原因，并进行自我调节，控制住自己的脾气，感知周边的环境，调整自己的心情。在动作发展上，能够在复杂环境中活动，适应轻微复杂的场景活动，较快融入新的人际交往环境。可以在复杂倾斜的活动环境下平稳行走，手脚配合完成攀爬、连续跳跃等动作，完成躲避游戏。能完成简单的绘画、手工和劳动行为。在生活习惯上，主动完成生活习惯的规定，并主动做好个人卫生整理。能熟练生活自理，并根据环境进行适当调整。

（二）语言能力

3—4岁的幼儿能对别人说的话进行倾听与回应，愿意在熟悉的环境中与熟悉的人交流，表达需求与想法。喜欢有韵律感、节奏感的音乐，能理解文字和画面的意义，喜欢用涂鸦来表达自己的意思。4—5岁的幼儿能分辨群体交谈中关于自己的信息，并结合情景分析明白不同的含义，对别人的问题作出回答，礼貌友善地表达出来。会重复观看自己感兴趣的书、画，并分享、表达给周边的人，愿意用画和符号来表达自己的情感和想法。5—6岁的幼儿愿意参与和他人的讨论并能积极主动且言语流畅、逻辑清晰地表达出自己的观点，懂得依据情境变换语言情感。可以专注地完成自己的兴趣爱好，与周边的人讨论与兴趣爱好相关的内容。

（三）社交能力

3—4岁的幼儿，在人际交往方面愿意与熟悉的成年人及伙伴一起游戏，对群体活动感兴趣，能依据自己的兴趣，主动参与游戏，并提出自己的请求，尊重并关心他人。在成年人的提醒下遵守基本的行为规范。4—5岁的幼儿喜欢与固定的朋友游戏，但也可以很好地融入其他伙伴的游戏并进行分享，在发生冲突的情况下可以和平解决问题，并愿意提出和接受不同的意见。愿意与成年人、长辈进行交谈，并准确表达自己的需求和想法，懂得体贴，明白付出的意义。5—6岁的幼儿有自己的朋友，可以吸引不同的小伙伴，在活动中分工合作，倾听同伴的建议，并给出相应的反应，表明缘由。关注周围伙伴的情绪，并给予倾听和帮助，珍视劳动成果，接纳与自己不同的生活方式。

（四）科学理解能力

3—4岁的幼儿在科学探究方面，喜欢接触关于大自然的事物，对自然环境和现象感兴趣，喜欢提出自己的问题。能主动观察感兴趣的事物并发现事物显著的特征，会利用多个身体感官去探索自然并对结果充满好奇心。能感知周边事物的特性与多样性，感知气候对自己的影响。能感知和分辨人或事物的高矮胖瘦、长短等不同特点。4—5岁的幼儿在科学探究方面，喜欢接触新鲜的事物，充满好奇心，主动地进行探索，并且沉浸其中，通过观察发现和感知动植物的生长变化及所需的生存条件，发现简单的化学、物理现象，并且能够依据观察猜测结论，通过简单的图画和符号记录下来。能够感知季节的变化，明确量级，感知事物的结构、方向。5—6岁的幼儿在科学探究上，会对感兴趣的现象进行深入发现，通过观察分析找到事物的显著特征和时间变化，以及较为复杂的科学现象等，独立或者与他人协作进行摸索探究，通过实践来找寻答案，并记录下来。可以进行简单构筑物复原，发现事物的排序、数字含义，并将此运用于生活。

（五）艺术理解能力

3—4岁的幼儿在艺术上喜欢观察花草树木、鸟虫鱼兽，并被来自自然的声音吸引，能模仿简单的歌曲、肢体动作，喜欢观赏不同形式的艺术作品。4—5岁的幼儿在欣赏自然景观的同时会特别注意其色彩、形态等自然特征。喜欢倾听声音，感受声音，理解旋律。喜欢唱唱跳跳，参与音乐、舞蹈的表演，用绘画、手工作品来呈现对艺术的理解。5—6岁的幼儿乐于发现和整理生活中美好的物品，并将之处理后进行分享。对自然产生的声音进行模仿，并产生浓厚的兴趣。积极参与自己喜欢的艺术表演，用不同的形式进行表达①。

二、幼儿认知的特点

幼儿的认知是一个充满奇妙与深度的研究领域，它涵盖了孩子们从出生到学龄前阶段的一系列认知发展过程。这一时期的认知发展对于孩子们今后的学习、思维乃至性格形成都具有至关重要的影响。

首先，幼儿认知的特点之一是直观性和具象性。在幼儿阶段，孩子们的认知主要依赖于直观感受和具体形象。他们通过触摸、观察、品尝等感官体验来认识世界，对于抽象的概念和理论往往难以理解。因此，在教育幼儿时，我们需要尽可能地采用直观、生动的教学方法，如使用实物、图片、动画等辅助工具，帮助他们建立对世界的直观认识。

其次，幼儿认知还具有好奇心和探索欲强的特点。孩子们天生对周围的事物充满好奇，他们喜欢提问、尝试新事物，不断探索世界的奥秘。这种好奇心和探索欲是推动他们认知发展的重要动力。在教育过程中，我们应积极回应孩子们的好奇心，引导他们提出问题、解决问题，培养他们的探究精神和创造力。

再次，幼儿认知还具有模仿性强的特点。孩子们在成长过程中，会不自觉地模仿身边的人和事。这种模仿行为不仅体现在言行举止上，还体现在思维方式、情感表达等方面。因此，家长和教师在与幼儿相处时，应树立良好的榜样，以积极、健康的态度和行为影响孩子，促进他们形成良好的认知习惯和行为习惯。

最后，幼儿认知还具有发展不均衡的特点。每个孩子都是独一无二的个体，他们的认知发展速度和方向各不相同。有些孩子可能在某些方面表现出色，而在其他方面则相对滞后。因此，在教育幼儿时，我们需

①殷海燕.新时期幼儿园教育教学工作研究[M].长春：吉林出版集团股份有限公司，2023：1-54.

要根据他们的个体差异，制定个性化的教育方案，帮助他们充分发挥自己的潜能，实现全面发展。

综上所述，幼儿认知具有直观性、好奇心强、模仿性强以及发展不均衡等特点。这些特点既为我们提供了了解幼儿认知的窗口，也为我们提供了指导幼儿认知发展的方向。在教育幼儿时，我们应充分尊重这些特点，采用科学、有效的方法，帮助他们建立良好的认知结构，为今后的学习和成长奠定坚实的基础。同时，我们还应关注每个孩子的个体差异，为他们提供个性化的教育支持，促进他们全面、健康地发展。

第三节 儿童视角与教育手段的碰撞

一、儿童视角下的本土文化资源的多元认知与表达方式

从儿童视角出发，我们需关注幼儿学习与发展的整体性，尊重其个体差异，深入理解其学习方式与认知特点，并高度重视培养幼儿的学习品质。本土文化资源以其独特的内涵与多样的类型，对学前教育具有不可忽视的重要价值。因此，本节提出了一系列基于儿童视角的本土文化资源的多元认知与表达方式的实践策略，包括精心准备本土文化资源、巧妙布置自主认知任务、创设生动有趣的导入情境、合理安排幼儿一日生活、组织富有趣味性的游戏活动、深入开展文化探究活动、充分展示文化探究成果以及实施科学而全面的总结评价。

在教育实践中，教师需紧密结合教学实际，有效落实上述策略，以培养幼儿对家乡的热爱情感，提升其归属感，进而提升文化教育的成果，更好地传承与保护本土文化。瑞典儿童教育研究者索默尔指出，儿童拥有自己独特的发现和感知世界的视角。儿童视角强调儿童在教育研究和教学活动中的主体地位，要求教育者充分尊重儿童的主体性，重视其个性发展，发掘其潜能，并激发其兴趣，以便儿童更好地感受和认知现实生活中的世界。

基于儿童视角，结合本土文化资源，我们可以更有效地实施幼儿园

教育。教师需从传统的知识本位目标转变为知识、技能、情感态度的多元认知目标，制定科学的规划部署，并根据幼儿的反馈进行适时的优化调整。同时，教师应积极创建良好的教育环境，引导幼儿表达自我，以促进其全面发展。

（一）儿童视角下对幼儿园教学的影响

1.关注幼儿学习与发展整体性

从儿童的角度出发，首要关注的是幼儿学习与发展的整体性特点。在幼儿的学习过程中，各方面的发展彼此紧密相连、互为促进。因此，教师应当紧密围绕教学目标及所涵盖的教学领域，进一步强化不同发展领域的有机整合，以促进幼儿身心健康，协调且全面地发展。

2.尊重幼儿发展的个体差异

在幼儿成长的各个阶段，其发展特征呈现显著不同，同时，不同幼儿之间在成长经历与个性特质方面亦存在明显差异。鉴于此，教师需以儿童视角为出发点，充分尊重幼儿的发展规律，并深刻认识到不同幼儿间的个体差异。在此基础上，教师应结合幼儿的实际情况，运用科学、合理的教育指导方法，有效引导幼儿实现更高水平的发展，从而实施具有层次性和针对性的阶梯式教育。

3.理解幼儿的学习方式与特点

基于儿童的视角，教师在教育过程中需深入理解幼儿独特的学习方式和特点，从而确保教育教学活动的实施更具针对性和实效性。幼儿阶段的学习往往融合于日常生活和游戏中，他们倾向于通过直接的感知经验、实践操作以及多元化的学习方式，来逐步构建对世界的认知和理解。因此，教师在策划和开展各类教学活动时，必须充分考虑到幼儿的学习特性，确保教学活动既符合幼儿的身心发展规律，又能有效促进其全面而均衡地发展。

4.重视培养幼儿的学习品质

鉴于儿童视角的核心理念，教师在教育实践中应充分关注对幼儿优良学习品质的精心培育。教师需积极引导幼儿以积极、主动的态度投入各类活动中，同时致力于塑造幼儿良好的行为习惯。在活动开展过程中，教师应特别注重激发幼儿的探索欲望，促进其自主学习能力的提升，并鼓励幼儿间展开互助合作，共同面对挑战。通过这一系列的引导与培育，使幼儿在解决问题和克服困难的过程中，逐渐养成勇敢、坚强、持之以恒等优秀品质。

（二）本土文化资源的多元认知与表达方式的实践策略

1.基于因地制宜理念，准备本土文化资源

在幼儿园教学过程中，教师在运用本土文化资源开展教学活动时，应遵循因地制宜的原则，精心筛选与本土文化紧密相连的教育素材。为此，教师应积极借助现代化的互联网平台与工具，深入挖掘丰富的历史文化、美食文化以及民俗风情等资源。同时，教师还需充分考虑幼儿的年龄特征、生活阅历及认知水平，对搜集到的本土文化资源进行精心整理与筛选，确保所选取的内容既符合幼儿的认知特点，又能有效激发其学习兴趣。通过这一系列的准备工作，为后续的幼儿园教育教学活动奠定坚实的基础。

2.加强家园之间联系，布置自主认知任务

《指南》明确指出，教师应积极强化与幼儿家长之间的沟通与联系，通过密切的交流与深入的合作，充分发掘并发挥家庭教育的潜能与优势。为此，教师可将经过精心整理的本土文化资源以图文并茂的阅读页面和生动形象的微视频等形式，向家长进行推送。同时，教师应鼓励家长与孩子共同阅读这些内容，并观看相关视频，从而增进亲子间的情感交流，促进孩子对本土文化的认知与理解。此外，教师还应向家长提供具体的指导与建议，协助家长做好相关的准备工作，确保家庭教育与幼儿园教育能够形成合力，共同促进儿童的全面发展。

举例来说，家长在陪伴孩子外出游玩时，可采取录制短视频的方式，记录游玩过程，并由家长与孩子共同参与视频的解说工作。此外，教师亦可搜集关于本地美食的短片、视频等资料，指导家长带领幼儿认识并品尝家乡的特色美食，了解美食的制作流程；同时，运用直观的图片和简洁明了的文字，向幼儿介绍下浒镇三洲村的传统民居，帮助他们认识并了解本地风格迥异、特色鲜明的传统建筑。

此外，教师还可以结合本地非遗代表性作品，引导家长带领孩子观看相关资料，探访周边非遗传承人（如畲族博物馆）等，以加深他们对本土文化的了解。同时，积极鼓励家长带领幼儿参与社区举办的本土文化活动，如民俗节日庆祝、民间手工制作等，以带领孩子初步熟悉本土文化资源，为日后更深入地学习和认知打下坚实的基础。

3. 创设生动导入情境，激发幼儿认知兴趣

为充分激发幼儿对本土文化的认识与学习热情，教师需有效利用智慧教育平台、数字化资源以及实物材料，构建富有趣味性的导入情境。此举旨在迅速吸引幼儿的注意，调动其认知兴趣，并推动他们积极投身于观察与交流等活动。此外，教师还应依据幼儿间的交流与反馈情况，进行有针对性的总结，以便进一步传授与本土文化相关的知识内容。

4. 合理安排一日生活，注重融入本土文化

在幼儿园的教学实践中，教师应严格遵循《3—6岁儿童学习与发展指南》的指导原则，科学规划幼儿的一日生活安排。教师还需站在儿童的视角为深入挖掘本土文化资源的教育价值，丰富幼儿对多元文化的认知，巧妙地将本土文化元素融入日常教学与生活之中。通过组织丰富多彩的教学活动，在常规安全教育、户外实践活动、社团活动等多个环节中巧妙地融入本土文化内容，引导幼儿更好地了解和感知本土文化的魅力，进而培养他们对本土文化的深厚情感。

例如，在晨间接待与离园时刻，我园会播放那些节奏明快、旋律优美的方言歌谣，以丰富校园文化氛围；在早操编排中，融入方言游戏操、海带舞等富有地方特色的元素；午间前后，则播放民间故事或传说，以增进幼儿对本土文化的了解和认同。我园积极将本地各类特色美食融入幼儿园午餐、点心之中，如清汤面、地瓜杯、糊汤等，旨在激发幼儿的食欲，同时使他们在品尝美食的过程中进一步了解家乡的饮食文化。在领域教学活动中，我们充分利用自然资源开展丰富多彩的语言活动，如"小导游"活动，让幼儿在扮演导游的过程中锻炼口语表达能力；同时，结合本土语言特点开展音乐活动"方言说唱"，让幼儿在感受音乐魅力的同时了解本土语言的韵味。在社团活动中，我园积极引入本土非遗的手工技艺资源，如编织、扎染等，指导幼儿学习和创造，培养他们的动手

能力和创新精神。此外，鉴于本地海滩遍布、河流众多的自然条件，我园在日常安全教育中特别强调戏水的安全教育，让幼儿充分认识到海边、河边的危险性，引导他们遵守安全规则，确保在家长的监督下才能到海边、河边游玩，避免发生意外事故。

5.组织趣味游戏活动,培养学习文化兴趣

为了更有效地激发幼儿对本土文化的积极认知和表达能力，教师应当充分利用本土文化资源，结合现代信息技术工具，巧妙运用相关实物和适宜的场地，精心组织富有趣味性的游戏活动。通过这种方式，可以更好地吸引幼儿主动参与到相关游戏活动中来，使幼儿在轻松愉快的氛围中感知本土文化的魅力，进而培养其对本土文化学习的兴趣和热爱。教师在组织游戏活动时，还需根据本土文化资源的特性进行适度的改编与整合，以确保活动内容的丰富性和适宜性。

沙江曳石，作为霞浦县一项重要的非物质文化遗产，其深厚的历史背景源自对民族英雄戚继光的纪念。在明朝嘉靖年间，倭寇曾意图侵占霞浦县城，然而城内兵力匮乏，形势岌岌可危。在关键时刻，戚继光巧妙地运用了民众的智慧，指挥后方百姓将绳索绑缚在石头上，于青石板上拉动，制造出震耳欲聋的声响，营造出城内兵力雄厚、气势磅礴的假象。倭寇闻听此声，误以为城内兵力强大，喊声震天，灯火通明，最终因心生畏惧而不战自溃，霞浦城因此得以保全。自此以后，每逢中秋佳节，霞浦县便隆重举行曳石活动，以纪念这一历史事件和民族英雄的英勇事迹。鉴于此，我园亦以这一历史背景为依据，对活动工具进行了改编与创新。我们利用竹子精心编织成四方形坐垫，并在竹子空心处填充石子等重物，使之成为适合儿童拖拉的道具。活动中，儿童分组参与，通过拖拉这些特制的坐垫，比拼哪个小组能够制造出最响亮的声响。通过组织与实施这类富有趣味性和教育意义的游戏活动，我们旨在让幼儿在欢声笑语中感受传统文化的魅力，潜移默化地认识并传承本土文化。同时，这也将有助于培养幼儿良好的思想情感，增强他们的民族自豪感和文化自信心。

我园进一步将角色游戏、表演游戏与结构游戏这三大核心游戏形式进行深度整合，致力于拓宽幼儿的活动空间，将原先的室内活动场地延伸至更为广阔的户外大操场。我们积极倡导孩子们充分利用园内现有的地理条件以及各类器材，自行创设丰富多样的游戏场景。

在角色游戏中，我们特别融入了本土特色美食一条街等元素，构建了包括民宿、杨家溪、文化公园等在内的多种建构场景，使之成为角色游戏中的知名"旅游景点"。此外，我们还创新性地将畲族传统服装银饰、畲族对歌等文化元素融入表演游戏之中，使孩子们在游戏的过程中能够更直观地了解和感受本土文化的魅力。

通过精心组织与实施这类游戏活动，我们期望孩子们能够在轻松愉快的游戏体验中，潜移默化地认识和了解本土文化，从而培养他们热爱家乡的美好情感。我们坚信，这样的教育方式不仅能够丰富孩子们的童年生活，更有助于他们形成积极向上的价值观和文化认同感。

6.开展文化探究活动,引领幼儿积极参与

在幼儿园的教育实践中，为了更有效地推动幼儿对本土文化的认知与表达能力，教师应当充分结合本土文化资源，精心策划并开展一系列文化探究活动。这些活动旨在引导幼儿积极参与观察、深入思考、充分交流、动手操作以及合作探讨，从而丰富其文化体验，拓宽其文化视野。在策划活动过程中，教师应充分考虑幼儿的认知特点和兴趣爱好，精心选择那些既富有教育意义又充满趣味性的文化资源。特别是与美食制作、手工技艺等相关的本土文化资源，更是能够激发幼儿的兴趣，促进他们的全面发展。通过组织与开展这些丰富而有趣的文化探究活动，我们不仅能够让幼儿在轻松愉快的氛围中感受到本土文化的魅力，还能够培养他们的观察能力、思考能力以及合作能力，为其未来的成长奠定坚实的基础。

霞浦畲族乌米饭，作为源自唐朝的传统美食，已被列为省级非物质文化遗产。在古时，畲族人民常以此美食进行祭祀活动，并作为礼物馈赠给汉族亲友。长此以往，当地汉族人也深受影响，逐渐形成了清明时节必食乌米饭的传统习俗。为了弘扬这一独特的文化传统，我园特别组织了一场关于学做乌米饭的文化探究活动。在活动中，教师首先通过播放视频、展示步骤图以及亲自示范操作等方式，使幼儿能够全面了解乌米饭的制作流程。其中包括将糯米进行浸泡，随后将浸泡好的糯米放入

80℃的紫黑色汤汁中，经过半天的浸泡，原本洁白的糯米便会染成紫黑色。之后，将染好的糯米捞出，放入木桶中蒸熟。制作完成的乌米饭色泽黑亮、质地精细、香气四溢，深受人们喜爱。在幼儿进行实际操作的过程中，教师将引导他们分组进行探究与实践，并密切关注他们的操作过程，确保活动安全顺利进行。同时，教师还将针对幼儿的操作情况进行相应的指导与教育，帮助他们更好地掌握乌米饭的制作技巧，感受传统文化的魅力。

7. 展示文化探究成果，完善本土文化表达

在深入探究本土文化后，教师应精心策划并组织一场文化成果展示活动。通过合理利用场地和资源，教师将搭建一个展示平台，供幼儿展示他们在本土文化探究过程中的成果。为完善本土文化的表达形式，教师将要求各小组幼儿代表采用多样化的表达方式，包括但不限于实物成果的展示、口头叙述探究过程以及假动作模拟等。通过引导幼儿运用这些不同形式的表达方式，教师旨在进一步提升幼儿的表达能力，使他们能够更加准确、生动地传达本土文化的内涵和魅力。

8. 结合教学过程结果，实施科学总结评价

在幼儿园教学中，从儿童视角出发，教师应充分利用本土文化资源开展教学活动。在此过程中，教师应引导幼儿深入认识本土文化，积极参与本土文化的表达与体验。同时，教师需结合整体的教学过程与结果，进行严谨、科学的总结与评价。为强化幼儿对本土文化的理解与感知，教师在总结环节可运用口述讲解、图文展示、视频演示以及实物呈现等多种方式，使幼儿能够更直观、生动地感受本土文化的魅力。在评价方面，应落实多元主体参与、多种要素考量以及多样方式运用的原则，确保评价的全面性和客观性，从而有效促进幼儿园教学的质量提升。

综上所述，从儿童视角出发，深入分析幼儿园教学所受影响，并结合本土文化资源的内涵与种类，我们提出了一系列实践策略，旨在实现本土文化资源的多元认知与表达。这些策略从准备阶段到评价阶段均进行了系统性的融合，以确保策略的有效实施。在此过程中，教师应秉持因地制宜的原则，切实将这些策略付诸实践，以便更好地融入本土文化资源，培养幼儿正确的思想意识和行为习惯。这不仅有助于促进幼儿的

身心健康成长与发展，同时也能够有效提升幼儿园教育的质量与效率。我们坚信，通过实施这些策略，将能够充分发挥本土文化资源的独特优势，为幼儿园教育注入新的活力，为幼儿的全面发展奠定坚实基础[①]。

二、基于儿童视角的幼儿园户外环境创设

幼儿园户外环境具有较强的功能性、生活性和实践性。素质教育背景下，幼儿园户外环境创设应该坚持"以人为本"的教育理念，反映幼儿的身心发展水平和特点，适应不同年纪幼儿的年龄特点和个性差异，让每个幼儿都能在原始的基础素质上得到应有的发展。儿童视角下的幼儿园户外环境应该是有趣的、漂亮的、好玩的、可探索的、有挑战的，所以幼儿园户外环境创设要具有创新内容，既能体现幼儿园特色，又能通过其功能带给幼儿不一样的生活、学习体验，实现幼儿与环境之间的有效互动。

（一）幼儿园户外环境创设的作用

1.促进幼儿多方面发展

基于儿童视角的户外环境创设是符合幼儿成长规律、学习需要和审美要求的，户外环境所提供给幼儿的内容是丰富的、形象的、生动的，能够较大限度地激发幼儿参与户外活动的兴趣和积极性。同时，户外环境相较于幼儿室内课程而言具有较强的拓展性，对开发幼儿的智力、思维、认知与情感有积极作用。另外，环境对幼儿的影响是持久的，幼儿长时间受户外环境的影响，可以促进自身全面发展。

2.增加幼儿教育的自然生活气息

幼儿对周围环境有敏锐的感知力，对大自然中的一花一草都充满好奇。在幼儿眼中，大自然中生命体都像是伙伴，幼儿会在与自然环境的互动中付出饱满的情感。户外环境创设更接近自然，能够给幼儿亲近和舒适的体验，这样的环境能够帮助幼儿放飞自我，展示真实的自己，并通过自己的方式去接触和了解自然，同时能提升幼儿对环境的适应力，幼儿的独立性也会得到有效锻炼。

---

①杨玲斌．儿童视角下的本土文化资源的多元认知与表达方式的实践研究[J]．家长，2023（29）：4-6.

3.助力师生之间的高效互动

户外环境具有较强的功能性，不管是种植区、表演区、积木区，还是挑战区，都能给幼儿带来不一样的学习体验。而幼儿的理解能力、思维能力、实践能力等都是有限的，在参与户外活动的过程中需要教师在旁进行有效引导。并且户外环境能在较大程度上调动幼儿学习和探索的热情，也会丰富幼儿与教师之间的互动内容，增加二者的互动频率。幼儿在与教师互动的过程中能够更好地满足自己的求知欲和探索欲，这样教师和幼儿之间互动的有效性就会大大提升。

4.提升幼儿的交流表达能力

随着幼儿教育的不断发展和创新，幼儿的活动空间早就不再局限于室内，对户外环境的创设也成为幼儿园教育工作的一部分。户外环境的功能性也随之加强，各种户外区域游戏活动丰富多彩，所以户外环境是自由的、轻松的、愉悦的、开放的，还可以给幼儿之间提供良好的交流合作平台。幼儿在户外环境活动中竞相模仿、交流经验、分享成功，不仅能促进幼儿的情感发展，还能提升幼儿的交流表达能力和解决问题能力。

(二)幼儿园户外环境创设现状分析

1.实用性不足

户外环境的教育功能是不可忽视的，在很多幼儿园的环境创设过程中，幼儿园户外环境大多是人造草坪构建的操场，经济条件允许的幼儿园会设置一些大型高结构的游戏活动设施、喷泉、花坛等。总体来说，这些内容的观赏性较强，落实在教育教学上的实用性就略显不足。多数幼儿园受自然环境、经济条件、场地面积等因素的影响和制约，无法在户外区域设置各种各样的活动区域，园内各种活动材料都储存在仓库，在教师教学需要的时候才会投放到室外。而户外对幼儿来说，就是一个可以奔跑、蹦跳的场地，缺少其他丰富的元素可以提供给幼儿进行探索、挑战。

2.生态性缺失

保证幼儿园户外环境与大自然的亲近性，是现代幼儿园户外环境创设的一个重点关注点。幼儿的成长不能脱离自然，自然教育有助于幼儿心灵的纯净、性格的沉淀和环保意识的养成。然而，在大多数的幼儿园环境建设中，从室内到室外基本都是人工制造，自然元素所占比例少之又少。首先，在幼儿园建设初期，幼儿园对原始的自然资源利用不足，没有保存最真实的生态元素。其次，建设过程中，幼儿园提倡各种主题的构建，或简约，或温馨，或活泼，户外环境更注重各种标识、标语的制作，反而忽视了自然因素的融入。

3. 整体性不足

户外环境的空间结构规划十分重要，各个区域设置不仅要考虑应用面积、功能性，还要考虑各个区域之间的相互关系等。因为目前国内的专业设计团队主要针对大型幼儿园进行规划设计，所以很多面积和资质小的幼儿园并不容易请到专业的设计团队对幼儿园进行户外环境规划，导致幼儿园户外环境的规划整体格局不够科学，不能对幼儿园的地形、面积以及自然优势等进行合理配置。很多幼儿园的户外区域在设置时彼此之间相对独立，功能区域之间缺乏联系性，这也让幼儿园户外区域的功能融合性大大降低。

（三）幼儿园户外环境创设的基本要求

1. 分区丰富明确

户外环境创设要结合其功能性进行明确的区域划分。第一，入口集散区域既要宽敞，又要设置相关的秩序标识，保障家长接送幼儿的安全。第二，体育活动区域，在其他区域范围规划好后，尽可能多地将剩下的户外场地都划分给体育活动区域，减少户外玩具或者游戏设备在体育区的放置量，让幼儿可以在这片区域自由地奔跑、跳舞、做操、玩耍。第三，游戏区域，游戏对幼儿教育来说是必不可少的，教师要根据不同的游戏类型对游戏区域进行二次划分，让幼儿可以在游戏中活跃思维、启发智力、优化身体各项机能。第四，自然区域，这里是幼儿进行绿化观赏、植物种植的自然生态区，需要配置观察记录表、小喷水壶、小铲子等工具，强化幼儿的自然体验。

2. 充满童真趣味

注意力不集中、容易被转移和分散，是幼儿的主要成长特点之一，而教育的过程需要幼儿在一件事物上认真、专注。因此，教师要结合幼儿兴趣来创设户外环境。对幼儿来说，童真元素包括可爱的卡通人物、小动物、各种车、机器人等，比如，各种卡通形象的指示牌和标识、垃圾桶、小板凳等。而有趣的元素大多具有探索性和可变化性，这类事物需要幼儿在自己的能力范围内进行思考和分析，比如，山洞迷宫、组合式攀爬架、动植物养殖区，或者简单的沙土、石子、贝壳、树叶等物品，幼儿可以通过自己思考，经过动手实践将其变成新的事物，成就感和幸福感会随之而来。幼儿也会在观察、照顾动植物的过程中获得新的体验，并将其收获分享给家人和朋友。这些都是符合幼儿童真性格的元素，幼儿园在创设户外环境时应有效运用起来。

3. 充分保障安全

安全保障是幼儿园户外环境创设的基础要求。幼儿的安全意识较弱，身体平衡性和协调能力较差，参与玩耍和活动的过程避免不了会有肢体之间的触碰，或者身体与公共设施之间的碰撞，幼儿园需要在这方面做好防护工作。比如，幼儿园的地面需要铺设人工草坪、与地面所接触的墙体要做一米高的软包、幼儿园中有棱角的部位也要进行软包等。另外，要贴好安全进食、安全用水、安全如厕等标识。户外环境中选择的自然绿植等不能选择带刺的。所有户外环境设施设备要选择符合国家质量标准的，尽可能地为幼儿创设一个安全、健康的户外学习、活动环境。

(四)儿童视角下的幼儿园户外环境创设策略

1. 革新教育理念

幼儿园户外环境的创设理念应该与教育理念相统一。新时期的幼儿教育是素质教育、实践教育、自然教育，幼儿教育的核心在于幼儿从体验中提升认知、丰富情感、培养意识、养成习惯。而户外环境的创设也要突破传统重景观、轻实用，重运动、轻探究，重静态、轻动态，重形式、轻使用，重内容、轻规划的特点，要立足幼儿视角，进行个性化、实用化、探究化的创新，将"以人为本"的教育理念融入户外环境创设过程中，给幼儿提供全新的学习、探究、娱乐场地。比如，基于儿童视角创设户外环境，教师就要蹲下来，将自己的视线与幼儿的视线高度持平，这样才能保证所创设的户外环境符合幼儿的视觉体验。而且幼儿作为户外环境体验的主体，在创设户外环境的过程中，幼儿有权参与其中。教师也应适当地了解幼儿的兴趣喜好和发展需求，纳入幼儿的一些建议来完善环境创设，以增强幼儿对幼儿园的归属感。

2.优化空间配置

传统的幼儿园户外环境创设中，很多设施的布设都是为了观赏和美化环境，这大大降低了户外环境的功能性，也浪费了很多地区空间。因此，现阶段的幼儿园户外环境创设，园长和教师应将幼儿园户外的每一寸土地、每一米空间都利用起来，优化幼儿园户外环境布局，实现各个区域空间的扩展。比如，以幼儿园的安全保护围栏为例，对很多建设在马路旁边的幼儿园来说，围栏的作用就是保护幼儿的安全，但是这些围栏作为户外环境的组成部分，还可以发挥很多教育功能。教师可以将白色的画布固定在围栏上，这个围栏就成了一个大型的创作平台，幼儿可以在上面进行泼墨创作，可以将自己制作的泥巴扔在上面，然后用手将墨汁或者泥巴勾勒、涂抹成自己喜欢的样子。这种户外活动可以最大限度地发挥幼儿的天性，让幼儿近距离地接触自然，同时能培养幼儿的创作能力。由此可见，只要充分规划好每一处空间，就可以发挥出很大的教育价值。

3.丰富环境内容

幼儿园户外环境的创设并不是固定的，需要结合幼儿园的教育特色、幼儿的发展需要进行合理丰富。幼儿园要转变传统户外就是玩耍和运动场地的观念，丰富户外环境的内容和功能，让幼儿可以在户外进行观察、种植、养殖、交流、思考。首先，幼儿园作为教育系统中的一部分，也肩负着文化传承的责任与使命。因此，不同区域的幼儿园可以结合区域文化、民族、经济特色来丰富户外环境内容。比如，户外种植区域，北方幼儿园可以种植玉米、土豆、西红柿、向日葵等，南方幼儿园可以种植水稻、苋菜、莴苣、紫甘蓝等。这些植物是幼儿熟悉的，种在种植区域可以让幼儿近距离地了解自己每天吃的食物是如何培育的，可以培养幼儿的节俭美德和初步的劳动意识。又如，在户外手工制作区域，可以根据幼儿园所在地区的民族特色，增加具有民族特色的窗花剪纸、陕西特色的皮影等内容，这些都是对幼儿渗透民族文化意识的有效方式。另外，幼儿园也可以在户外设置小小歌舞台、鲁班小工坊、农家小菜园、小鱼塘等各种类型的户外区域，以丰富的户外环境内容来激发幼儿的探究兴趣。

4.科学定位划分

幼儿园户外环境创设要与各个年级、各个班级的课程教学体系相协调，大多数幼儿园会设置小、中、大三个层次，而每个年级也根据幼儿数量划分了多个班级。为了保证户外活动环境的秩序，幼儿园要将课程教学体系与环境创设进行和谐优化，按照活动课程合理划分户外区域，保证给每个幼儿优质户外学习体验的同时，能方便教师的秩序管理。比如，每个幼儿园的户外面积不同，活动区域设置有限，因此，教师就要考虑哪些活动区域是可以不同班级混合参与的，如表演区、建构区，大、中、小班的幼儿都可以参与。而教师则要根据这种情况对教学内容和教学方式进行灵活变通，从而确保每个幼儿都可以在户外区域游戏活动中获得良好的体验和成长。另外，幼儿园在划分好户外区域定位后，可以利用航拍的方式将幼儿园的俯视区域图上传给家长，便于家长通过校园内部监控了解幼儿的一日生活。

总而言之，幼儿园户外环境的创设对幼儿各方面的发展以及师幼之间的互动与和谐关系的构建，都有积极的促进作用。就幼儿园户外环境创设的现状来说，教师要更加注重幼儿园户外环境的实用性、生态性和整体性，以幼儿的成长发展需求为标准，以幼儿的兴趣爱好为参考，以安全保障为前提，实现户外空间的优化利用、户外环境内容的特色丰富、户外环境区域的科学划分，拓展幼儿的体验空间，丰富体验内容，满足幼儿的学习、探究、运动、玩耍需要，进而提升幼儿园的教育质量，促进幼儿的健康成长和全面发展[1]。

---

[1]陈丹.基于儿童视角的幼儿园户外环境创设探寻[J].家庭教育研究，2022（11）：116-118.

第四节 促进教师专业成长的课程管理机制

一、支持教师本土文化专业成长

在本土文化资源融入幼儿园课程的过程中，教师队伍的质量直接影响着本土文化课程活动的成效。因此，幼儿园管理者应充分利用各种途径，促进园内教师在本土文化方面的专业成长，提高教师队伍质量。

首先，在本土文化理论学习和课程组织方面，给予教师充分的支持，通过组织教师参与本土文化相关培训，定期开展本土文化教研活动等多种途径，加强园内教师相关理论学习和教学研究。同时，在新入职教师职前培训的内容体系中，增添本土文化融入课程方面的专项培训计划，使新手教师能够及时了解、上手本土文化融入课程的设计与组织。其次，在教师集体教研的过程中，可展开深度会谈，就教师备课，或是班级幼儿在本土文化课程中出现的多种问题，深入思考、交流，从不同的角度剖析问题，发表自己的见解，讨论出可行性的解决策略。除此之外，幼儿园管理者也应给予教师相应的课程决策权，使教师有权根据本班幼儿的实际水平、发展状况和兴趣关注点来自主选择相应的本土文化内容融入课程，灵活地执行工作计划和教学计划，以此来培养一批能力强、质量高的教师队伍[①]。

二、完善课程开发管理制度，营造民主合作开发氛围

(一)完善课程审议制度

本土文化课程资源开发作为一项系统工程，是一项极具挑战性的工作，需要以团队形式进行合作开发，并且有坚强的课程领导和管理制度的保障。其中，完备的课程审议制度可以促进课程资源开发利用中重要问题的协商解决，有助于形成民主合作的开发氛围，为课程开发扫除障碍，使教师感受到强有力的支持，而坚定课程资源开发利用的信心。部

---

①王冠缨.地方文化融入幼儿园课程的行动研究——以即墨文化为例[D].南充：西华师范大学，2023：5-30.

分幼儿园开发利用本土文化课程资源中，在筛选资源、积累资源、过程质量监控、开发过程中的问题解决等方面缺乏完善的管理。因此，亟待建立完善的课程审议制度，对资源的筛选可以开展全园审议或者发动园外专家、家长共同审议，在遇到问题时，通过有效的课程审议机制，可以良好地解决问题并继续推进。完善课程审议制度，最主要在于建立起问题反馈—解决的快速响应机制，在极具挑战性的课程资源开发利用任务面前为教师排忧解难，确保课程开发顺利推进。

（二）建立本土文化课程资源库

部分幼儿园课程资源开发利用中对已开发利用的课程资源缺乏整理和再利用，这使得本可进一步开发利用的资源悄然流失，并且实践中获得的经验未能得到共享。已开发利用的本土文化课程资源哪怕效果不如预期，也是宝贵的实践经验，应该对其中有价值的经验和材料加以整理，以备后续之用。应注意留存已开发利用本土文化课程资源的实践过程的材料，诸如教师教案、观察记录、幼儿作品、玩教具等。建设的形式可以是合作互助式，资源库的形式可有实体资源库加电子资源库。由教师自觉整理并归档，专人负责管理，全体教师共建共享。此外，要注意充分发挥课程资源库的作用。在开发利用本土文化课程资源过程中，不断丰富课程资源库的同时，要注意对已开发利用的课程资源进行再利用，如选择比较有本土文化代表性的已开发利用资源融入幼儿园环境，或将已开发利用资源中没有充分发挥其教育价值的本土文化资源在课程中进一步开发和利用，或尝试将已开发的课程资源系统化，从而使课程资源开发利用往深层推进。

幼儿园决策者应该从课程建设的角度意识到这项工作的重要性，即便在园内师资紧张的情况下也仍应指定专人对已开发利用的资源进行归纳存档，建立课程资源库。并且通过培训使教师养成自觉收集和整理已开发资源的意识与习惯，并善于利用课程资源库进行课程资源开发以及已开发资源的再利用。如果能够建立本土文化课程资源库并有效管理和利用，将有利于提高课程开发效率，有利于提升课程的系统性。

（三）完善课程资源开发利用的评价体系

从大多数幼儿园的情况来看，几乎开展过的本土文化资源相关的活动甚至课程，都没有具体细化的评价机制，更多的依赖教师观察，主观性强，且教师未能形成观察、记录、反思的良好习惯，也没有对幼儿进行档案收集和管理，评价缺乏连续性和科学性，未必能准确评估课程的效果。

提高教师评价的能力可以：①通过重温《纲要》把握评价的基本方法和策略，提高评价工作的自觉性、主动性和科学性；②提高观察能力和记录能力，对于如何更有效地进行观察和记录这些问题都需要对教师进行培训和指导；③提高有效收集评价档案的自觉性和能力；④提高运用现有档案的能力，这就要求教师具有反思能力，能将档案作为自己行为的"镜子"，不断完善自己的行为，不断给幼儿适宜的引导和帮助。

在教师提高自身评价能力的基础上，要逐步建立相对完善的评价机制。首先，明确课程评价的目的；其次，确定课程评价的对象；最后，制定相应的课程评价准则。

在课程评价中，既要有具体活动的评价，也要有本土文化课程的整体评价，并且要利用课程评价促进课程资源开发利用的实践向纵深推进[①]。

三、构建本土文化课程资源开发利用的支持系统

虽然教师是课程实施的关键人物，但是本土文化课程资源开发是一个系统工程，不能把开发的重担完全压在个别教师身上，构建社会共同参与的支持系统非常必要。本土文化课程资源开发的主体不仅是教师，还应该有家长、幼儿、社区、当地群众的共同参与。政府部门不仅是教育主管部门，还有文化局等相关部门以及当地高校等，都应该为本土文化课程资源开发利用提供物质资源或智力资源的支持。文化局等单位应该加强本土文化的宣传和文化内核的打造，营造浓厚的本土文化氛围，加深当地人对本土文化的感知与认同，为本土文化课程资源开发利用提供更为深厚的土壤。教育主管部门应该更新观念，灵活施策。对幼儿园

---

①姜黎.幼儿园地方文化课程资源开发利用的个案研究[D].南京：南京师范大学，2021.

减少行政事务的束缚，为幼儿园决策者和教师减负，使他们能够静下心来做好课程。同时，对于幼儿园编制人员不足、流动性大的情况，在政策范围内灵活变通适当解决，为课程开发提供较为稳定的人员保障。此外，对于幼儿园进行的本土文化课程资源开发利用实践应该给予尽可能的支持，促进高校、区域内的幼儿园形成良性合作，通过大力扶持个别课程资源开发利用走在前列的幼儿园，引领区域课程资源开发利用的整体发展。

从课程发展的本土文化生态系统的角度看，本土文化课程资源开发要形成这样一个全社会共同参与的支持系统，既是促进其开发利用的保障，又是其开发利用的意义之一。期待随着我国教育体制机制改革进一步向纵深拓展，教育主管部门与其他相关部门的协同合作机制逐步建立，形成全社会共同为教育事业服务的新局面。

四、新时期背景下幼儿园管理的创新路径

在现代社会发展期间，教育改革工作的推进使幼儿教育受到了前所未有的关注。特别是在市场经济发展背景下，幼儿园之间的竞争也更为激烈，因此，幼儿园管理工作的有效开展，将直接影响幼儿园整体教育水平。科学有效的管理方式可以推动幼儿园的良性发展，在提升幼儿园竞争力的同时，为幼儿成长与发展奠定良好基础。所以，幼儿园管理工作更应该紧密跟随时代发展要求，积极贯彻和落实国家政策，在以人为本理念带动下，实现幼儿园教育水平的稳定提升。只有这样，才能确保幼儿在幼儿园期间得到良好发展。对此，以下将以新时期教育背景为基础，全方位探究幼儿园管理工作内容，并提出具体创新方案，希望对幼儿园教育水平和发展方向的调整予以必要指导。

（一）新时期下幼儿园管理的创新意义

1.实现管理效率的有效提升

幼儿园教育工作本身就是一门艺术性较强的工作，在教育过程中，其艺术性渗透在教育管理的各个阶段，因此，为切实提高管理质量和效率，幼儿教师需要不断进行教学方法的创新和探索。但是在以往幼儿园管理工作中，大部分幼儿园均存在盲目管理问题，严重影响和制约了幼

儿园教育工作的顺利开展和推进。由于幼儿园管理者缺乏对管理目标的明确，因此经常出现管理混乱情况，幼儿教师对管理工作的认知也存在明显偏差，严重影响了管理效率的提升。而目前幼儿园管理策略的创新做到了以科学理论为基础，在先进的管理模式下，能有效进行幼儿园运转效率的提升，并且在管理目标明确后，还能帮助管理人员制定科学的管理对策，是幼儿园管理效率和质量显著提升的重要基础。

2.有助于幼儿园教育质量的提升

在幼儿教育过程中，幼儿教师不是可忽视的重要组成环节，往往会对教育活动的顺利开展产生直接影响，因此也直接决定着教育活动的推进效果。而幼儿园创新管理方式也能为管理环境和教育环境的优化带来积极影响。通过为幼儿创设良好的内部环境，教师在教学期间能更有效地投入教学实践中，从而在不断创新和探索过程中，以多样化的教学方式引导幼儿参与活动实践，并为幼儿身心健康发展奠定良好基础。

(二)幼儿园管理期间的常见问题

1.基础设施配备不足

虽然近年来我国幼儿教育得到了越来越多的关注，但幼儿园办学过程中仍然存在明显的不均衡发展问题，特别是对经济水平较低的地区而言，其幼儿教育发展现状并不乐观。针对幼儿园室内活动区域而言，部分园区环境相对优越，可以满足国家建设标准，但部分园区室内活动区域相对局限，甚至只有几平方米。城市地区的幼儿园教学水平和设施配备情况都明显优于县城或乡镇地区幼儿园。基础保育设施方面，只有城市的部分幼儿园能满足规定标准，大部分幼儿园配备数量极少，甚至没有配备必要的保育设施。

2.没有认识到幼儿的主体地位

在教育教学工作推进期间，不管采用何种教学手段和管理制度，主要的目的都是帮助幼儿更好地学习知识，实现健康发展。在教育工作中，幼儿教育正处于教育起步阶段，因此，在这期间更需要积极进行教学管理，引导幼儿在接受教育的过程中养成良好的生活与学习习惯，这对幼儿今后成长和发展尤为关键。但是，当前很多幼儿园管理者在工作期间并没有认识到管理工作的重要性，缺乏对幼儿主体地位的关注，教师在教育期间无法将幼儿当作教育主体，很多时候幼儿只能被动接受教师安排，这使得在管理工作中教师更喜欢听话的孩子，没有认识到幼儿个性发展的重要性，这也将在一定程度上影响幼儿的长远发展。

3. 管理方式存在明显落后问题

在时代稳步推进过程中，教育改革的推进致使教学制度和方法也出现了全新变化。在幼儿园管理过程中，应该紧密结合时代发展需求，积极进行教育改革，只有这样才能更好地顺应幼儿发展需求。但是目前很多幼儿园管理者和教师并没有对管理方式和制度创新的重要性予以关注，在幼儿园教育工作中仍然采用传统管理手段，比如，在幼儿成长期间，一味关注幼儿学习成绩，致使幼儿园出现明显的小学化问题。由于大部分幼儿园在管理工作中并没有对幼儿实际发展情况予以关注，所以此种片面的教学方法必然会对幼儿管理工作造成负面影响。

4. 师资力量配置不均衡

在教育领域中，教师是一门高水平工作，在教育工作推进期间，不仅需要教师具备丰富的知识储备，还应该具有良好的师德品质，从而在教学过程中对幼儿予以正确引导和帮助。只有这样才能确保管理工作顺利推进的同时，带动幼儿全面发展。但是在目前幼儿园管理工作推进过程中，仍然存在一个主要问题，就是幼儿园师资力量配置不均衡。幼儿园中大部分教师的学历并不是很高，并且人才流动率较大，这对新时期幼儿园管理和发展必然会带来较大影响。比如，某幼儿园内大专学历教师数量居多，本科及以上学历教师配备很少，这一问题在乡镇和农村幼儿园中更为突出。教师的理论知识掌握有限，在开展幼儿园教育管理期间，很难实现对管理工作的全方位认识。因此，无论是管理质量还是效率都很难得到提升，更难以实现管理工作的创新发展。

5. 幼儿园教学质量无法满足幼儿实际需求

当前幼儿园教学质量问题主要表现在两方面：其一，幼儿园每日课程设置存在明显问题，在一日生活和课程配置上，很多教师习惯采用集中式教学活动进行幼儿指导，有的活动甚至一天开展多次，这种单纯、重复性地进行知识传授和技能训练的方法，占据了幼儿娱乐和休闲的时间，并不能对幼儿成长需求提供有效帮助。其二，在幼儿教学阶段，小学化教育问题尤为明显，由于幼儿园自身教学质量存在问题，因此管理人员和教师往往采用增加课程量的方式进行调整，导致幼儿课程量负担加重，并且由于大部分幼儿园没有制定科学的保育课程，因此幼儿在学习期间无法养成良好的生活习惯和学习习惯，这也直接影响了幼儿的成长与发展。

（三）新时期背景下幼儿园管理的创新路径

虽然在教育改革推动期间，我国幼儿园管理工作已经实现了教育方向的调整和创新，但受到各种因素的制约和影响，当前幼儿园管理中仍然存在很多问题，部分幼儿园仍然采用传统管理手段影响了幼儿的健康发展。因此针对上文所述内容，积极创设幼儿园管理的全新路径，也是当前幼儿园工作的重点环节。

1.在以人为本原则下，调整管理理念

在以往幼儿园教育管理工作中，大部分幼儿教师受社会大环境影响，对教育理念的认知有一定偏差，认为幼儿年龄较小，没有正确的思想意识和认知。因此，教师往往采用一刀切式的管教方法对其进行管理，这就说明幼儿教师在教育期间往往直接告诉幼儿什么是对的、什么是错的，但对具体原因并没有和幼儿进行必要的交流和沟通，因此很难掌握幼儿心中的实际想法。这种片面的管理方式虽然能使幼儿被动接受教师管理，但幼儿潜在意识中仍然存在较强的抵抗情绪，长期在此种管理方法影响下，幼儿很可能衍生出不良情绪，影响了幼儿的健康成长与发展。在全新的历史发展时期，此种传统的管理理念已经无法适应现代化幼儿管理要求，甚至会对幼儿的成长与发展造成负面影响。在幼儿阶段，幼儿园是对其进行培养和教育的主要平台，因此更应该贯彻以人为本的原则，只有实现办园水平和教育质量的提升，才能真正做到以儿童为本，并制定和应用针对性教育手段。在教育期间，教师以幼儿为本，从幼儿的需求出发，构建符合幼儿发展的教育环境，可以更有效地推进人文关怀与管理方法。这也要求幼儿教师要积极转变和更新自身管理理念，在幼儿园管理中科学有效渗透以人为本思想，主动积极地和幼儿进行交流，把课堂的主体交给幼儿，通过对幼儿学习积极性的激发，推动幼儿园管理

工作的顺利开展。幼儿教师在开展常规管理工作期间，应该充分认识到人性化管理的重要作用，对幼儿提出的生活问题或学习问题要耐心进行解答，确保幼儿能够服从教师的管理。以人为本管理理念落实的过程中，孩子不仅能受到更大的尊重，还会更自觉理解和服从教师的管理行为。所以，幼儿教师更应该在管理期间充分发挥以人为本原则，并将这种先进的理念融合到幼儿园管理的方方面面，确保为幼儿在学习和成长中给予充分的尊重和关注。

2. 优化教学环境，实现管理工作的规范化发展

在幼儿园教育过程中，教学环境对幼儿的健康与成长同样重要。教师应该针对幼儿成长特点和需求构建对应的物质环境，从而为幼儿提供更为直观和全面的教育指导。比如，在幼儿园教育阶段，教师经常会发现好几个孩子在室内追逐打闹，撞到一起后又互相扭打。在发现这一问题后，幼儿教师要及时进行沟通和交流，并在室内设置必要的安全标识，确保幼儿能时刻注意安全。在此期间，教师可以从认识安全标识着手，在引导幼儿认识标识后，在班级的对应位置张贴标识，确保幼儿对安全问题的注意度不断提升。教师对幼儿教学和生活环境的关注，不仅体现在室内安全环境中，还要对室外活动区域进行设置，确保对幼儿安全意识进行全面提升。比如，在室外活动区，教师还可以开设安全角，并在墙上张贴安全示意图，在幼儿玩具玩耍区配备消防车、救护车等模型。在幼儿活动开展期间，幼儿教师通过游戏化手段指导幼儿在遇到问题或困难时，怎样向专业人员进行求助等。通过对各种危险环境的模拟和训练，指导幼儿在不同环境下如何处理和应对危险，确保幼儿在内心中构建起良好的安全意识，并掌握针对性安全措施。此种情景模拟的教学方式不仅能让幼儿掌握更多的安全逃生技巧，还能为幼儿创设更为安全和稳定的教学环境。和传统幼儿园管理相比，此种管理方法不仅是一种创新手段，还能为幼儿的健康发展提供必要的辅助作用。

3. 开展特色教学，优化教学管理机制

在对幼儿教学管理进行创新过程中，教师应该严格按照幼儿园发展需求和幼儿特点进行创新调节，形成具备自身特点的教学手段，打破传统幼儿教学限制，在积极整合课程的过程中实现教育手段的多元化发展，有效进行改革成果的创新探索。比如，根据幼儿成长特点，可以开展形式多样的幼儿活动和亲子互动活动，在多种形式的活动带领下，为幼儿人格培养奠定稳定基础，拉近家庭与幼儿园的距离，实现幼儿与家长、家长与教师的有效情感交流。不同的幼儿教师应该在教学过程中准确掌握自身特点，从而在创新过程中实现对传统教学思维和方法的创新。换言之，当前幼儿园管理的创新已经十分紧要，需要全体幼儿教师予以关注。比如，在开展日常幼儿管理工作中，教师可以采取鼓励的方式进行管理，确保管理效果的提升。比如，在幼儿教育阶段，如果发现幼儿出现错误行为或者问题，教师不要采取批评的方式，而是要引导幼儿在问题中发现错误。引导式管理不仅是对幼儿园管理机制的创新，还能为幼儿的健康成长产生有效的推动作用。

4.在家园互动过程中,实现管理效果的创新优化

幼儿园教育工作的开展不仅仅是幼儿教师的任务，还和家庭教育存在密切联系。因此，要想有效进行幼儿园管理，推动幼儿的健康成长，就不能只依靠幼儿教师的力量，而是要在家长的密切配合下进行幼儿园管理，帮助幼儿养成良好的生活习惯与个人品德。在此期间，幼儿园管理更应该认识到家园互动的重要性，确保家长能够密切配合幼儿园教育工作。在传统管理过程中，很多教职人员认为和家长配合工作难度较大，因为很多家长对幼儿园教育和管理工作并不理解，甚至部分家长会怀疑幼儿园管理方式。但家长的有效参与和理解，往往能够帮助幼儿园管理工作顺利推进。在传统的幼儿园管理工作中，幼儿教师和家长之间的交流少之又少，这也使幼儿园管理工作和幼儿教师的教育工作存在明显出入，不利于幼儿的思想发展。很多时候幼儿不知道应该听从教师的意见还是家长的意见，严重影响了幼儿成长与发展。因此，在新时期的幼儿园管理工作中，幼儿教师要密切与家长保持联系，在互相配合的过程中共同进行幼儿园管理，从而为幼儿健康成长奠定良好基础。

在班级管理工作中，教师经常会发现幼儿在幼儿园学习中经常会出现毛手毛脚的情况，做事情横冲直撞，无论是走路还是玩游戏，都会冲撞到其他小朋友。虽然小朋友没有受伤，但此种情况很可能会对其他幼儿的身体健康造成影响，不利于幼儿园安全管理工作的推进。因此，教师在发现此种问题后，应该及时和幼儿进行交流，并且第一时间和家长进行反馈，在和家长的交流中发现幼儿出现此种情况的主要原因，原来是孩子的父母喜欢孩子做事利落不拖沓，因此，孩子也想在学习和生活中做什么事都快一点。家长和教师交流后，家长也能充分认识到自己的错误，在生活中不断改正自身的问题。由于在教学期间，教师和家长能保证思想方式的一致性，引导孩子正确认识到安全隐患，因此孩子的不良行为也将逐步予以改善。这一情况的出现充分说明幼儿教师和家长的密切配合，不仅能全面提升幼儿园管理效率，还能为幼儿的健康发展奠定良好基础。所以在新时期教育背景下，幼儿教师也要积极创新和探索多种教学方式，有效地联合家庭力量进行管理配合，此种方式不仅能帮助教师更全面地了解幼儿情况，还能针对幼儿的表现制定科学的管理方案，在家庭教育理念和幼儿园教育理念充分融合的过程中，实现管理效果的全面提升，为幼儿的成长提供有效帮助。

综上所述，幼儿园管理工作的推进和幼儿成长有着密切联系。特别是在全新教育历史背景下，幼儿教师更应该认识到现有教学和管理的不足，在积极更新和调整以往管理理念的同时，紧密结合时代要求和教育特点，按照幼儿成长趋势制定科学的管理方案，只有这样才能在管理效果不断提升的同时，为幼儿综合发展予以帮助[1]。

---

①林春菱. 新时期背景下幼儿园管理的创新路径探析[J]. 当代家庭教育，2023（4）：62-65.

参考文献
REFERENCES

[1]曹菁菁.本土文化元素在潍坊风筝包装中的创新设计[D].南宁：广西师范大学，2020.

[2]陈丹.基于儿童视角的幼儿园户外环境创设探寻[J].家庭教育研究，2022（11）：116-118.

[3]陈华丽.地方文化融入幼儿美育的思考[J].甘肃教育研究，2023（3）：14-16.

[4]陈梦瑶.基于地域自然环境开发幼儿园课程资源[J].亚太教育，2023（11）：113-115.

[5]杜威.民主主义与教育[M].王承绪，译.北京：人民教育出版社，2001.

[6]高晶晶.家校园合力助力幼小衔接路径探究[J].时代教育，2023（23）：109-111.

[7]高云虹.天水市幼儿园地方文化课程资源开发利用研究[D].天水：天水师范学院，2017.

[8]顾旅明.幼儿园课程审议的实践与思考[J].学前课程研究，2007（3）：47-49.

[9]韩晶华."互联网+"下的家园协同幼儿教育路径[J].亚太教育，2023（20）：4-6.

[10]韩志辉.幼儿园多层级课程审议研究[D].南京：南京师范大学，2019.

[11]洪素芳.家乡本土文化融入幼儿园课程的探索[J].学周刊，2019（15）：152-153.

[12]姜黎.幼儿园地方文化课程资源开发利用的个案研究[D].南京：南京师范大学，2021.

[13]蓝同磊.施瓦布的实践性课程开发理论及其评价[J].南宁师范高等专科学校学报，2006（3）：98.

[14]雷金英.谈如何基于传统文化教育资源构建大班幼儿生活化课程[J].中华活页文选（传统文化教学与研究），2023（7）：175-177.

[15]李岑，高亮.幼儿园教师多元民族文化素养培育的路径探索[J].进展（教学与科研），2023（10）：41-43.

[16]李国梁.本土文化资源在幼儿园课程中的应用现状研究[D].西安：陕西理工大学，2023.

[17]李敏.优化与创新家园工作策略[J].教育探究，2020（4）：27-29.

[18]李敏.幼儿园本土民间艺术教育实践探究——以大班艺术活动"家乡的糖塔"为例[J].福建基础教育研究，2019（9）：133-135.

[19]林春菱.新时期背景下幼儿园管理的创新路径探析[J].当代家庭教育，2023（4）：62-65.

[20]林虹.地方文化与幼儿园课程的整合[J].学前教育研究，2019（10）：93-96.

[21]林立娜.乡土文化资源在《文化生活》教学中的运用研究——以邢台乡土文化资源为例[D].石家庄：河北师范大学，2014.

[22]林玉芝.例谈如何挖掘乡土资源 开发幼儿创意剪纸题材[J].福建教育研究，2020（1）：50-51.

[23]林玉芝.幼儿活动渗透戏莊文化的策略[J].福建教育研究，2021（4）：52-53.

[24]刘小林.幼儿园教师集体课程审议的个案研究[D].长春：东北师范大学，2009.

[25]吕甜雪.中华优秀传统文化融入幼儿园课程中的困境与反思[J].国家通用语言文字教学与研究，2022（5）：178-180.

[26]马瑞园.小学课程建设中的教师群体课程审议研究[D].重庆：西南大学，2016.

[27]孟凡丽，吕红日.文化视域下的地方课程价值探索[J].当代教育与文化，2009（1）：104-108.

[28]潘玉聪.浅谈畲族文化在幼儿园环境创设中的互动性体现[J].海

外文摘，2021（20）：93-94.

[29]单丁.课程论流派研究[M].济南：山东教育出版社，1998.

[30]史学正，徐来群.施瓦布的课程理论述评[J].外国教育研究，2005（1）：68-70.

[31]王彬彬.论家庭氛围对幼儿个性发展的影响[J].真情，2021（1）：40.

[32]王冠缨.地方文化融入幼儿园课程的行动研究——以即墨文化为例[D].南充：西华师范大学，2023.

[33]王治河.扑朔迷离的游戏——后现代哲学思潮研究[M].北京：社会科学文献出版社，1998.

[34]吴新燕.依托山海文化的幼儿美术教育[J].时代教育，2024（5）：145-147.

[35]吴张鹏.本土文化资源在海南高中思想政治课中的运用研究[D].海口：海南师范大学，2017.

[36]肖少惠."滩涂摄影文化"园本课程中的审美教育——以滩涂摄影活动"亲子采风"为例[J].福建教育，2019（39）：10-11.

[37]杨玲斌.儿童视角下的本土文化资源的多元认知与表达方式的实践研究[J].家长，2023（29）：4-6.

[38]杨玲斌.乡土山海资源开发利用对幼儿归属感的培养[J].福建教育研究，2019（1）：43-44.

[39]杨玲清.利用滩涂资源提升幼儿审美能力的策略[J].家庭教育研究，2022（12）：16-18.

[40]杨苗苗.IB校本化中的教师课程决策[D].上海：华东师范大学，2019.

[41]杨明全.革新的课程实践者：教师参与课程变革研究[M].上海：上海科技教育出版社，2003.

[42]杨晓艺，谢佳，朱银元.乡土文化资源的传承与利用模式研究[M].北京：中国纺织出版社，2018.

[43]叶荣祯.乡土山海资源融入幼儿品德教育的实践研究[J].语文课内外，2022（11）：19-21.

[44]叶珍珍.家园互动在学前教育中的重要性[J].家长，2023（31）：

94-96.

[45]殷海燕.新时期幼儿园教育教学工作研究[M].长春：吉林出版集团股份有限公司，2023.

[46]游学民.陕西本土文化资源的教育功能研究[J].牡丹江教育学院学报，2011（4）：69-70.

[47]俞淑微.幼儿园园本课程开发中课程审议的个案研究[D].重庆：西南大学，2023.

[48]虞永平.幼儿园课程审议与教师的专业成长[J].幼儿教育，2005（3）：8-9.

[49]虞永平.幼儿园课程中的家长参与和家长发展[J].学前教育研究，2006（6）：56-58.

[50]张家军.论课程审议的内涵、价值取向与过程[J].课程·教材·教法，2012，32（6）：9-14.

[51]张婉云.关于乡土资源融入幼儿品德教育的探讨[J].家庭教育研究，2023（10）：77-79.

[52]张芸.幼儿园基于地方民俗文化开展传统节日活动的实践策略[J].教师，2023（7）：81-83.

[53]中华人民共和国教育部.3—6岁儿童学习与发展指南[R].北京：首都师范大学出版社，2012.

[54]中华人民共和国教育部.幼儿园工作规程[M].北京：首都师范大出版社，2016.

[55]中华人民共和国教育部.幼儿园教育指导纲要（试行）[M].北京：北京师范大学出版社，2001.